RÉSEAU

Collection dirigée par Étie[illegible]

Le fantastique

Denis Labbé
Docteur ès Lettres

Gilbert Millet
Certifié de Lettres modernes

ellipses

ISBN 2-7298-0187-1

32, rue Bargue 75740 Paris cedex 15

Définition

Définir le fantastique, genre littéraire protéiforme*[1], peut sembler une gageure, tant il sait apparaître sous des visages différents. En se penchant sur son étymologie, on comprendra certainement mieux à quoi s'en tenir. Le mot « fantastique » apparaît dès le XIVe siècle et semble venir d'un adjectif latin *fantasticum*, hérité du verbe grec *phantasein* : « faire voir en apparence », « donner l'illusion », et, appliqué à des phénomènes sortant de l'ordinaire, « apparaître », « se montrer ». Cette racine nous a également donné les mots « fantasme », « fantasmagorie », « fantaisie » et « fantôme », tout ce qui est de l'ordre de l'apparition, de l'imagination, du spectre. Ainsi, le fantastique serait lié en grande partie au **côté morbide de notre imaginaire**, à cette incessante recherche de l'évasion, à **un côtoiement de l'inattendu et de l'imprévisible**.

Première étape : les pieds sur terre

Ligeia (1838)
Edgar Allan Poe

Je ne puis plus me rappeler, sur mon âme, comment, quand, ni même où je fis pour la première fois connaissance avec Lady Ligeia. De longues années se sont écoulées depuis lors, et une grande souffrance a affaibli ma mémoire. Ou peut-être ne puis-je plus maintenant me rappeler ces points, parce qu'en vérité le caractère de ma bien-aimée, sa rare instruction, son genre de

1. Les mots suivis d'une étoile sont expliqués dans le glossaire.

beauté, si singulier et si placide, et la pénétrante et subjuguante éloquence de sa profonde parole musicale ont fait leur chemin dans mon cœur d'une manière si patiente, si constante, si furtive que je n'y ai pas pris garde et n'en ai pas eu conscience.
Cependant, je crois que je la rencontrai pour la première fois, et plusieurs fois depuis lors, dans une vaste et antique ville délabrée sur les bords du Rhin. Quant à sa famille, — très certainement elle m'en a parlé. Qu'elle fût d'une date excessivement ancienne, je n'en fais aucun doute. — Ligeia ! Ligeia ! — Plongé dans des études qui par leur nature sont plus propres que toute autre à amortir les impressions du monde extérieur, — il me suffit de ce mot si doux, — Ligeia ! — pour ramener devant les yeux de ma pensée l'image de celle qui n'est plus. Et maintenant, pendant que j'écris, il me revient, comme une lueur, que je n'ai jamais su le nom de famille de celle qui fut mon amie et ma fiancée, qui devint mon compagnon d'études, et enfin l'épouse de mon cœur.

in *Histoires extraordinaires*, traduction de Baudelaire, « Folio », Gallimard.

- **Montrez que l'on part d'une situation réelle, que cet incipit* pourrait être le début d'un récit romantique.**
- **Montrez de quelle manière le doute va s'installer dans l'esprit du lecteur.**
- **En quoi cette manière de procéder met-elle en place une atmosphère fantastique ?**

Contrairement au merveilleux qui propose des récits se déroulant dans des mondes totalement imaginaires et souvent en des temps fabuleux, **le fantastique est ancré dans le quotidien** où il puise un réalisme nécessaire à son bon fonctionnement. Il se pare donc de décors, d'atmosphères, de règles et de lois crédibles destinés à recevoir l'agrément du lecteur. Sans cet assentiment, point de fantastique possible. Le lecteur doit obtenir des repères avant que l'intrigue ne les détruise. Chez Maupassant, on saisit bien cette volonté du narrateur de bâtir des univers proches des lecteurs, avant de tout bouleverser. Dans le récit *Sur l'eau,* tout semble parfaitement paisible ; une tranquille promenade en barque. Et soudain, tout s'altère, le monde normal s'efface. L'irruption du fantastique entraîne le lecteur « tout au fond de cette eau noire ».

Les auteurs contemporains s'en servent à merveille en mettant en place des réalités proches de la nôtre, très crédibles, et qui s'écroulent pourtant, lorsque l'horreur survient. Les romans de Stephen King tels *La Ligne verte, Dead Zone, Christine* et surtout *Shining* entrent parfaitement dans ce schéma, décrivant un univers d'apparence normal, mais où petit à petit tous les repères s'effondrent. La ville de Castle Rock, altérité de la cité américaine, y semble l'équivalente des Dunwich, Arkham ou Red Hook bâties par l'écrivain américain Howard P. Lovecraft qui, même en étant fortement inspiré par la littérature classique, est certainement le premier auteur à avoir érigé un univers d'apparence réaliste, mais qui, au final, ne l'est pas : *La Musique d'Erich Zann, Le Modèle de Pickman, La Rue.*

La Rue (1920)
Howard Phillips Lovecraft

Des hommes forts et courageux animaient cette Rue. Ils étaient du même sang que nous et arrivaient des îles Bénites, de l'autre côté de la mer. Tout au début, la Rue n'était qu'un sentier parcouru par les porteurs d'eau faisant la navette entre la source située dans les bois et les maisons près de la plage. Puis, au fur et à mesure que le hameau s'agrandit, des nouveaux venus construisaient au nord des cabanes de rondins ou de chêne dont le côté orienté vers la forêt était recouvert de maçonnerie pour résister aux flèches enflammées des Indiens. Quelques années plus tard, d'autres émigrants commencèrent à bâtir des cabanes sur le côté de la Rue. À cette époque, des hommes graves, aux chapeaux coniques, toujours armés de mousquetons, marchaient dans la Rue. Il y avait également leurs femmes, coiffées de bonnets, et leurs calmes enfants.

in *Dagon et autres nouvelles de terreur* de H. P. Lovecraft,
traduit de l'américain par Paule Pérez,

◗ **En quoi cette description est-elle réaliste ? Peut-on en situer l'époque ?**

Deuxième étape : la tête en enfer

Roger Caillois définit le fantastique comme « l'irruption de l'inadmissible [...] ce qui ne peut pas arriver et qui se produit pourtant, en un point et à un instant précis, au cœur d'un univers parfaitement repéré, et d'où l'on avait à tort estimé le mystère à jamais banni[1] ». Pour lui, le fantastique naît de **l'installation brutale du surnaturel dans un monde normal**. La déstructuration qu'il entraîne provoque une peur de l'inconnu chez les personnages et les lecteurs. On retrouve cette manière de procéder dans de nombreux récits, où, après l'exposition d'un univers rationnel, l'incursion du surnaturel bouleverse tout. Robert Bloch, l'auteur de *Psychose*, s'en est fait le champion, notamment dans ses nouvelles *Le Sosie de Napoléon, Mon barman et son monstre* ou *Un jouet pour Juliette* et *Nounours est pyromane.* Avant lui, Maupassant aimait aussi surprendre par des chutes inattendues, comme dans *La Chevelure* ou *La Main.*

Dans la même lignée, Lovecraft pose comme « authentique récit fantastique » celui qui met en place « une certaine atmosphère oppressive, une inexplicable peur de l'inexplicable des forces de l'inconnu[2] » que l'imagination du lecteur s'empresse d'accentuer, créant ainsi, lui-même, ses propres terreurs. La venue du surnaturel n'étant plus ici, brutale, mais plus lente, plus insidieuse. Il cite volontiers *Le Tour d'écrou* de Henry James, et *La Maison aux esprits* de Bulwer Lytton, mais on peut y ajouter de

1. Article « Fantastique » de l'*Encyclopædia Universalis*, 1966.
2. *Épouvante et Surnaturel en littérature*, Bouquins, Robert Laffont, Tome 2 des *Œuvres*, 1927.

Lovecraft, lui-même, *L'Appel de Cthulhu* ou *Les Montagnes hallucinées*, ou encore *L'Araignée* de Hans Heinz Ewers, *Magie noire à Canaan* de Robert E. Howard, *L'Idole noire* de C. A. Smith. La mise en place stylistique est alors primordiale, puisque le travail narratif se doit de distiller au compte-gouttes les éléments fantastiques afin de faire monter l'angoisse chez le lecteur, créant de ce fait un univers oppressant.

La Pierre noire (1931)
Robert E. Howard

La première fois que je lus quelque chose à ce sujet, ce fut dans l'étrange ouvrage de von Juntz, un allemand excentrique qui mena une existence très curieuse et mourut d'une manière aussi affreuse que mystérieuse. J'eus de la chance d'avoir accès à son Unaussprechlichen Kulten dans l'édition originale, connue aussi sous le nom de « Livre Noir », publié à Düsseldorf en 1839 peu de temps après qu'un sort funeste ne se fut acharné sur l'auteur.

Traduction de François Truchaud, NéO, © D.R.

Identifiez les champs lexicaux* qui permettent la mise en place d'une atmosphère oppressante.

Au contraire, Tzvetan Todorov[1] voit plus le fantastique comme un moment pendant lequel le personnage (et le lecteur à travers lui) hésite entre réel et surnaturel, entre étrange et merveilleux. Le fantastique, selon sa définition, ne serait donc qu'**une simple incertitude entre l'illusion et la réalité inconnue**. Pour lui, il y aurait une littérature de l'étrange (basée sur la réalité) et une littérature du merveilleux (issue du pur imaginaire). Si cette définition était superposable à certains récits fantastiques des XVIIIe et XIXe siècles (Maupassant, Gautier, Poe...), elle ne paraît plus convenablement cerner la littérature de terreur moderne.

1. *Introduction à la Littérature fantastique*, Point Essais, Seuil, 1970.

On se trompe peut-être (1955)
Robert Bloch

Quand Harry Jessup revint du service, il ne se rendit pas compte du changement. Pas immédiatement.
Marge l'attendait toujours, alors ils se marièrent et achetèrent une petite maison façon ferme dans la banlieue de Skyland Park. Harry trouva du travail à Everlift, et bien qu'il eût remarqué que ce qu'il gagnait ne menait plus très loin désormais, il réussit à se débrouiller. Marge et lui se lièrent d'amitié avec un couple voisin — les Myers, des gens charmants ; Ed Myers était comptable agréé — et ils achetèrent bientôt un poste de télévision.
C'est probablement ce qui déclencha tout.
Un soir, il regardait avec Marge le jeu télévisé de Sloucho Marks. Autrefois, il aimait bien Sloucho, quand il faisait des films, et il pouvait encore citer tous les airs de « Hourra, Captain Mauldin ».
Pendant tout le programme, Marge ne cessa de rire des blagues de Sloucho, et elle fut un peu surprise de voir que Harry se contentait de rester assis là, les yeux fixés sur l'écran. Il ne sourit pas une seule fois. Quand arriva l'heure de la dernière pause publicitaire, Harry se leva et éteignit le poste.

in *La Boîte à maléfices*, Robert Bloch,
traduction de Jean-Marie Dessaux, © Casterman, 1981.

Dans cette nouvelle, le personnage va être de plus en plus persuadé que le monde qui l'entoure n'est qu'une apparence, un décor, que rien n'est réel. Dans quelle mesure ces premières lignes préparent-elles la suite ?

En effet, si le roman fantastique classique se plaçait en rupture d'avec le monde réel, **le roman de terreur moderne tente de n'être qu'une représentation de sa propre réalité**, un monde à part, combattant la société qui l'entoure en se servant des éléments qu'il trouve en elle. Le fantastique ne naîtrait plus automatiquement d'une imagination voisine du merveilleux médiéval, mais d'une **déformation de la réalité**. Il est une altération de celle-ci, apparaissant donc comme un monde de transgressions* :

transgressions des lois naturelles, sociales et religieuses. Il diffère de tous les autres genres car il propose un univers déchiré, inaccessible, où tout choix devient irréalisable, surtout pour les personnages qui n'y trouvent aucun repère. Dean Koontz, dans ses romans, *Une Porte sur l'Hiver, La Cache du Diable, Les Larmes du Dragon* et *La Maison interdite,* pousse très loin l'altération en brisant un à un les tabous régissant la société : les armes, les handicapés, le sexe... Dans une autre mesure, Graham Masterton s'attaque aux légendes et aux mythes littéraires pour mieux les détourner : les légendes indiennes dans *Manitou,* japonaises dans *Tengu,* le tableau maudit dans *Le Portrait du Mal...* Citons aussi *Le Mystère du Lac* de Robert McCammon, sorte de récit initiatique dans un monde altéré, et *Créatures* de John Saul qui conduit ses personnages au fond du gouffre de la métamorphose. En France, Serge Brussolo pose les bases d'univers cauchemardesques dans des romans très inventifs : *Cauchemar à Louer, La Meute* ou *Krucifix* par exemple. Philippe Ward revisite le pays basque dans *Irrintzina,* tandis que dans le même temps Alain Delbe érige avec *Les Îles jumelles* une étrange ville vénitienne qui ne répond finalement à aucune des lois humaines : une fillette autiste* se promène en regardant la vie dans un éclat de miroir, une très belle femme joue dans un cirque le rôle de montreuse de monstres, la réplique de la cité naît des flots...

La Maison interdite (1990)
Dean Koontz

Thomas courut vers elle en se dandinant, comme si ses souliers avaient été lestés de plomb pour l'empêcher de lever les pieds. Bien qu'il eût dix ans de moins que sa sœur, qui en avait trente, elle lui rendait dix bons centimètres et il mesurait à peine un mètre cinquante. Il était trisomique de naissance, un diagnostic que même un profane aurait pu émettre : il avait un front bas et fortement incliné en arrière ; ses épicanthus mal formés lui donnaient un regard d'Asiatique ; son nez était aplati ; ses oreilles plantées bas sur une tête trop petite par rapport à son corps.

Traduction de Jean-Daniel Brèque, Albin Michel.

En sachant que Thomas est doué de pouvoirs extrasensoriels, en quoi sa présence active dans un roman fantastique peut-elle être dérangeante ?

Certains auteurs contemporains ont d'ailleurs pris le contre-pied de cette effraction, modifiant les repères de leurs lecteurs en mettant en place un monde surnaturel au sein duquel surgit un élément perturbateur, au demeurant tout à fait naturel en regard des critères humains. C'est le cas dans l'étonnant roman *Je suis une légende* de Richard Matheson, dans lequel le dernier humain survivant doit échapper aux vampires* qui dominent le monde. Mais aussi dans *L'Heure du loup* de Robert McCammon, dont le récit présente un loup-garou* au service des alliés pendant la Seconde Guerre mondiale. Poul Anderson, dans *Opération Chaos*, opposait des vampires, des loups-garous et autres créatures du même genre aux Allemands lors des batailles de tranchées de la Première Guerre mondiale.

L'Heure du loup (1989)
Robert McCammon

En 1942, Michael Gallatin, as de l'espionnage et... loup-garou, se retrouve dans un camp de concentration aux prises avec les nazis. Le Major Krolle montre la récolte de cheveux.

— Je féliciterai le Dr Hildebrank, dit Blok en fouillant dans la caisse d'où il sortit quelques mèches cuivrées. C'est magnifique, en effet !
Michael regarda les cheveux qui brillaient au soleil, entre les doigts de Blok. Leur beauté lui serra le cœur. Ils avaient appartenu à une prisonnière. Qu'était-elle devenue ? Le vent lui apporta l'odeur de la chair calcinée, et l'horreur lui donna la nausée.
Ces hommes — ces monstres — devaient être châtiés. Maintenant qu'il comprenait l'abomination qu'ils avaient organisée, il serait

damné à jamais s'il ne déchirait pas la gorge des monstres qui se félicitaient devant lui en parlant de production et de rentabilité. Les trois camions étaient chargés de caisses en pin, chacune bourrée de cheveux tondus sur le crâne de victimes sans défense.

Presses de la Cité.

En quoi le terme « monstre » peut-il être étonnant dans la bouche de Michael ?

Troisième étape : frissons garantis

La littérature fantastique est un genre qui s'attache à **provoquer chez ses lecteurs des émotions et des sentiments à partir de stimuli capables d'occasionner une peur ou une terreur, réelle ou imaginaire**. Tout cela dans le but de les mener au bord du gouffre près duquel elle évolue continuellement. Cicéron disait que l'effroi est une crainte qui fait perdre à la raison son équilibre, faisant passer l'homme d'un monde réel, aseptisé mais dangereux, à un autre monde bien plus terrible encore, sans repère et sans issue possible. L'enjeu du narrateur de tout récit fantastique est de **faire monter l'angoisse**, de créer une situation dans laquelle le lecteur va peu à peu, ou subitement, perdre ses références. Celle-ci va être causée par l'intrusion du surnaturel, entraînant chez lui une crainte funeste pour les personnages. Une menace pointe, la mort rôde, la douleur, sûrement, faisant sombrer les personnages, et le lecteur qui s'identifie à eux, dans une peur intense.

Cauchemar à louer (1990)
Serge Brussolo

David, douze ans, emménage dans une nouvelle maison. Dès son entrée, il détecte d'étranges choses.

Il remarqua tout à coup que son intrusion n'avait dérangé aucun insecte, aucun rongeur. Dans les films d'épouvante, lorsque le héros pénétrait dans l'enceinte d'une maison abandonnée, son avance provoquait toujours la débandade d'une armée de cafards et de rats que la caméra s'empressait de montrer en une suite de gros plans répugnants. Ici il n'y avait rien, ni mouches, ni cancrelats, ni souris. Aucune bête n'avait tenté de s'approcher de la tarte, elle ne grouillait pas de vers. Aucune araignée n'avait tissé sa toile dans les recoins de la cuisine. Il n'y avait rien d'inquiétant aux alentours, si ce n'était ce gâteau foudroyé par une inexplicable décharge électrique, ce goûter que personne n'avait eu le temps d'avaler, qui laissait supposer un brusque coup de théâtre, une catastrophe, un... drame ?

Éditions du Rocher.

- **À quel type de narration et de focalisation* avons-nous affaire ici ? Pourquoi ?**
- **Relevez les éléments de négation. En quoi créent-ils une atmosphère inquiétante ?**
- **Comme David, comparez cette entrée dans la maison à celle d'un film d'horreur.**

Le récit fantastique tente de réveiller « la plus vieille, la plus forte émotion ressentie par l'être humain », comme la nommait Lovecraft, ajoutant que « la forme la plus puissante découlant de cette peur, c'est la Peur de l'Inconnu[1]. » Et l'auteur savait en user, s'appropriant des thèmes traditionnels comme la menace animale (*Les Rats dans les murs*), la maison hantée (*La Maison maudite*), les créatures surnaturelles (*La Tourbière hantée*), ou modifiant, pour mieux les détourner, l'expérience sur la mort dans *Herbert West réanimateur* et la métamorphose dans *L'Abomination de Dunwich.*

Chaque lecteur de récits fantastiques accepte, et mieux encore, recherche cette peur qui conduit même parfois à l'effroi le plus terrifiant. Mais cette émotion, si terrible soit-elle, est nécessaire, tant au fantastique, qu'au lecteur lui-même. En cela, ce

1. *Épouvante et Surnaturel en littérature*, Bouquins, Robert Laffont, Tome 2 des *Œuvres*, 1927.

genre littéraire a repris la place laissée vacante par le conte, dit de fées, narré aux veillées par les anciens. La filiation est d'ailleurs évidente et les premiers auteurs noirs parlaient de contes fantastiques en lieu et place du terme « nouvelles ». Pour s'en persuader, il suffit de lire Claude Seignolle, sorte de chaînon manquant entre le conte et le fantastique, puisqu'il a recueilli les histoires que la société moderne détruisait et a lui-même érigé sa propre œuvre : *Marie la Louve, Histoires maléfiques, Contes sorciers...*

La mort, l'amour, l'humour

En conclusion, on pourrait présenter le fantastique sous l'égide d'un étonnant triptyque : la mort, l'amour, l'humour. Il est impossible d'analyser la littérature fantastique sans se pencher sur le terrible couple freudien Thanatos* et Éros qui, non content de transgresser toutes les lois morales, aliène les personnages. On l'a vu, plus haut, **le fantastique est frère du fantasme, la mort est donc sœur de l'amour**. Il suffit, pour s'en convaincre, de relire *Dracula* de Bram Stoker, d'effleurer les femmes fatales présentes dans les nouvelles de Théophile Gautier (*La Morte amoureuse, Arria Marcella*), de Poe (*Ligeia, Morella*), de Seignolle (*L'Isabelle, Delphine, L'Odile*) ou de se pencher sur la sensuelle *Carmilla* de Sheridan Le Fanu. Lorsque Maupassant écrivit *Fou ?*, qui conte les amours d'une femme et d'un cheval, il savait pertinemment qu'il allait briser des tabous, se plaçant volontairement en rupture avec la société. Quelle aubaine pour le fantastique qui peut jouer à volonté sur ces liens de sang !

L'Isabelle (1966)
Claude Seignolle

Le narrateur a acheté un tableau représentant une femme magnifique, Isabelle qui, la nuit, en descend afin de le rejoindre. Dans l'espoir de la garder définitivement auprès de lui, il brûle la toile.

Elle revint...
Elle entra, affolée ; referma la porte et s'y appuya avec atterrement.
Son corps tremblait comme une démence.
Son visage exprimait la colère la plus cruelle qu'il m'ait été donné de contempler.
Isabelle se tenait là, monstrueuse de dépit.
Enfin, elle s'apaisa et, les bras tendus, vint à moi qui l'espérais malgré et contre tout ; l'acceptant, qui fût-elle.
Mais, je devinais qu'elle n'agissait plus d'elle-même. Elle s'approchait avec un horrible pas de somnambule ; une implacable marche d'automate.
Elle revenait à son amant, le vivant, mais inconsciente de moi.
Je la laissai m'étreindre.
Elle me serra fortement dans ses bras ; elle mollissait, certaines parties déjà fluides.
Alors, épouvanté, je compris qu'elle se déposait sur mon corps sans que je puisse l'en empêcher : Isabelle se décomposait en ses couleurs qui me recouvraient à larges touches que je recevais perceptiblement comme si j'étais une toile : la toile d'Isabelle !
Je les sentais couler partout sur ma peau ; d'abord douces de tiédeur, mais devenant épaisses et glaciales ; m'imprégnant du froid de la mort et, y séchant, s'incruster jusqu'au plus profond de ma chair.
Incapable du moindre mouvement, raidi sur place, je ne pus bientôt continuer à me tenir debout.
Devenu une rigide statue d'homme tatoué d'une chatoyante Isabelle sans âme, je tombai à la renverse.

Claude Seignolle, *Le Rond des sorciers*,
© Éditions Phébus, Paris, 1993.

- **De quelle manière la construction stylistique épouse-t-elle l'affolement d'Isabelle ?**
- **À partir des champs lexicaux* que vous aurez relevés, montrez les oppositions entre la vie et la mort, entre la beauté et la laideur.**

Pourquoi l'humour, alors ? Parce que sans humour, la tension exercée par la peur pourrait, à certains moments, devenir trop forte et ferait perdre au récit toute crédibilité. **L'humour est un exutoire**, le défoulement ultime lorsque les émotions deviennent insupportables. Alors, certes il existe des parodies, magnifiques au demeurant, *Le Fantôme des Canterville* d'Oscar Wilde, *Le Pied de momie* de Théophile Gautier, le film de Polanski *Le Bal des vampires,* ou les récits d'humour noir chers à Breton, tels *Les Chants de Maldoror* de Lautréamont et les nouvelles d'*Univers zéro* de Jacques Sternberg basées sur l'absurde. Mais l'horreur peut aussi naître de chutes à faire grincer les dents, comme dans les récits de Robert Bloch rassemblés en recueils : *La Boîte à maléfices, Un brin de belladone.* De nos jours, l'humour est intégré aux récits, même les plus noirs, offrant des paliers de décompression aux lecteurs. Dean Koontz s'en est fait le champion, délestant d'une partie de leur peur les personnages et les lecteurs lorsque la tension est trop forte, grâce à des dialogues pleins d'humour (*Midnight, La Cache du Diable*) ou des comparaisons caricaturales (*Le Temps paralysé*). Randall Boyll fait de même dans *Froid devant* lorsqu'il peint ses personnages. Le cinéma s'est emparé de ce phénomène, se moquant de lui-même dans la série *Scream,* poussant le vice jusqu'à créer de l'humour au moment où la terreur est la plus forte : la scène du meurtre devant l'écran de cinéma dans *Scream 2.* Plus sadique encore, le tueur du roman *Ça* de Stephen King a l'apparence d'un clown, personnage destiné à divertir.

Exercices

Travaux d'analyse

- **Composition française** : en vous appuyant sur des textes fantastiques et en vous aidant de vos cours d'histoire, expliquez ce qu'est à vos yeux un monstre.
- **Lecture suivie d'une œuvre complète** : *Ligeia* d'Edgar Allan Poe.

Travaux de création

- **Récit** : imaginez la suite du texte de Claude Seignolle, *L'Isabelle*, sous forme de monologue intérieur.
- **Description** : décrivez un lieu banal et contemporain, par exemple un supermarché, une salle de classe. Introduisez dans ce décor quelques éléments surprenants et inquiétants, capables de générer une altération de la réalité propice au fantastique.
- **Invention** : à partir des lectures effectuées dans cette première partie, créez un personnage au charme ambigu qui se présenterait lui-même à l'ouverture d'un roman.

Chronologie

Avant 1760 : mythes, dieux et fées

Parce que l'acte d'écrire a longtemps été lié à la religion, le surnaturel est présent depuis les origines de la littérature. Le *Livre des morts* égyptien présente des dieux mi-hommes, mi-animaux, le chacal Anubis, le faucon Horus. La Bible met en scène les apparitions de Yahvé et de ses anges. La femme de Loth est transformée en statue de sel. La mer Rouge s'ouvre devant Moïse. La tragédie grecque, liée au culte de Dionysos, montre l'homme aux prises avec les dieux. Le devin Tirésias annonce à Œdipe son destin :

Œdipe roi (420 av. J.-C.)
Sophocle

TIRÉSIAS. — L'homme que tu cherches et que tu menaces avec tes proclamations sur le meurtre de Laïos, eh bien cet homme est ici, te dis-je. On le croit étranger, immigrant mais on verra qu'il est Thébain de naissance. Il n'en aura pas de joie car il voit clair et il va être aveugle, il est riche, il va être mendiant et cheminer sur une terre étrangère qu'il tâtera de son bâton. On verra qu'il est père et frère de ses fils, qu'il est le fils et le mari de la femme dont il est né, qu'il a la femme de son père et qu'il est le meurtrier de son père.

Traduction de Jean Grosjean, Bibliothèque de la Pléiade.

En vous informant sur le mythe* d'Œdipe, élucidez les paroles obscures du devin.

Héraclès affronte l'hydre de Lerne ou Cerbère, le chien à trois têtes (Euripide, *La Folie d'Héraclès*). Io est changée en génisse par son amant Zeus qui veut lui épargner la colère d'Héra (Eschyle, *Les Suppliantes*). Ces changements d'apparence restent présents chez les Romains. Ovide au Ier siècle et Apulée au IIe, donnent le même titre à une de leurs œuvres : *Les Métamorphoses*.

Avec l'avènement du christianisme, le surnaturel prend une autre forme : le merveilleux chrétien. L'Ancien et le Nouveau Testament, la vie des Saints sont portés au théâtre, joués dans les églises ou sur les parvis. *Le Jeu d'Adam*, texte anonyme du XIIe siècle, montre le diable causant la perte d'Adam et Ève. Les romans de chevalerie mêlent les thèmes chrétiens et les légendes celtes. Tristan tue un dragon. Le magicien Merlin fait d'Arthur un grand roi. Les chevaliers de la Table ronde cherchent le Graal, coupe magique dans laquelle le sang du Christ a été recueilli lors de la crucifixion.

La littérature classique elle-même a recours au surnaturel. Racine puise aux sources antiques pour montrer Hippolyte victime d'un dragon envoyé par Neptune (*Phèdre*). Molière, après Tirso de Molina, confronte Don Juan à la statue du Commandeur, un homme qu'il a tué et qui va l'entraîner en enfer.

Parallèlement, le surnaturel investit les contes. Fées, sorcières, ogres, sirènes, lutins peuplent l'imaginaire de bien des pays et deviennent sujets littéraires avec Perrault, Grimm ou Andersen. Il ne s'agit pas encore de fantastique.

1760-1810 : l'extinction des Lumières

Le XVIIIe siècle est l'époque des lumières. Dans toute l'Europe, au nom de la raison et de la science, croyances et pouvoir de droit divin sont mis en doute. Par un apparent paradoxe, qu'explique un recul face à une pensée trop rigoureuse et logique, **c'est en**

Angleterre, France et Allemagne, pays où culmine l'esprit des lumières, que l'on assiste, en réaction, à la naissance du fantastique. Le roman « gothique » anglais installe la mort dans des décors sinistres, châteaux forts déserts ou en ruines, souterrains, caves, cimetières, campagnes désolées sous un ciel d'orage. Des vierges sont déshonorées ou séquestrées, des religieux indignes contractent des pactes avec Satan. *Le Château d'Otrante* d'Horace Walpole conte l'apparition, par morceaux (un heaume, un pied, une main...), du fantôme d'un prince venu chasser Manfred, l'usurpateur qui lui a succédé.

Le Château d'Otrante (1764)
Horace Walpole

— Que faites-vous là ? cria-t-il, courroucé. Où est mon fils ?
Une clameur lui répondit :
— Ah, Monseigneur ! Le Prince ! Le Prince ! Le heaume ! Le heaume !
Bouleversé par ces lamentables exclamations, et craignant il ne savait quoi, Manfred s'avança précipitamment. Mais, quel spectacle pour les yeux d'un père, il voyait son enfant écrasé et presque enseveli sous un gigantesque heaume, cent fois plus grand qu'aucun casque jamais fait pour un être humain, et couvert d'une quantité proportionnée de plumes noires.

Traduction de Dominique Corticchiato, Librairie José Corti.

Comment s'exprime le pathétique* ? Renforce-t-il le fantastique ou le dénature-t-il ?

Ann Radcliffe écrit dans la même veine *Les Mystères d'Udolphe* et *L'Italien ou le Confessionnal des pénitents noirs*. Matthew Gregory Lewis impose *Le Moine*, roman macabre dont la figure centrale est Ambrosio, un religieux luxurieux* qui dérive vers le crime, avec l'aide du diable. En France, alors que se termine la publication de *L'Encyclopédie* qui vulgarise les connaissances scientifiques et fait triompher la raison, Jacques Cazotte écrit *Le Diable amoureux* dont le personnage principal, Alvare, est poursuivi par Satan, sous la forme d'une séduisante jeune femme, Biondetta. L'illuminisme* vient de trouver son expression littéraire. Restif de la Bretonne efface, en particulier dans *Les Nuits de Paris*, la frontière entre rêve et réalité. En Allemagne, Novalis se révolte contre le rationalisme. Tieck publie des contes fantastiques. Chamisso raconte *L'Étrange Histoire de Peter Schlemihl*, l'homme qui a vendu son âme au diable et en a perdu son ombre. Mais la figure marquante du « Sturm und Drang* », ce mouvement qui réhabilite la sensibilité, est Goethe dont l'œuvre maîtresse, *Faust*, décrit un pacte avec Satan.

1810-1860 : l'âge d'or des monstres

Les grands bouleversements qui secouent l'Europe, guerres napoléoniennes, début de la révolution industrielle, donnent au fantastique, qui traduit les peurs et les refus face au monde nouveau, une grande vigueur. Cette période est l'âge d'or. Le premier maître, celui qui exerce l'influence la plus profonde, est E. T. A. Hoffmann, auteur des *Contes nocturnes*, des *Fantaisies à la manière de Callot* ou des *Contes des Frères Sérapion.*

Les Élixirs du Diable (1816)
Ernst Théodore Amadeus Hoffmann

Après avoir bu un élixir diabolique, frère Médard a tué le comte Victorin. Arrivé dans un château, il comprend que la baronne qui l'habite le prend pour le comte, qui était son amant.

— Est-ce possible ! Est-ce possible ! Es-tu le capucin Médard ? Mais cette voix, cette démarche, tes yeux, tes cheveux ! Parle ! Je meurs de doute et d'inquiétude.
— Victorin, murmurai-je doucement.
Alors elle m'enlaça avec la fougue impétueuse d'une volonté indomptable. Un torrent de feu se répandit dans mes veines, tout

mon sang bouillonna, mes sens m'abandonnèrent, j'éprouvai d'ineffables délices, un ravissement insensé.

Traduction d'Alzir Hella et Olivier Bournac, Stock.

- **Quelles transgressions* donnent sa force à cet extrait de roman ?**
- **Comment apparaît ici l'influence du romantisme ?**

Le **double** n'est pas le seul thème majeur traité à cette époque. Charles-Robert Maturin décrit, avec *Melmoth* ou *l'Homme errant,* un **pacte satanique**. Charles Nodier, auteur de *Smarra* ou *les Démons de la nuit* et de *La Fée aux miettes,* explore les **cauchemars**. Nerval, dans *Aurélia,* poussera encore plus loin l'hésitation entre rêve et souvenir. Mary Shelley invente le **savant fou,** *Frankenstein,* dont la créature sème la terreur. Prosper Mérimée nous met en présence d'un **objet animé**, une inquiétante statue, *La Vénus d'Ille.* Gogol donne son autonomie à une partie du corps, *Le Nez. La Morte amoureuse* de Théophile Gautier décrit une jeune **vampire**. Spectres, **fantômes, morts-vivants*,** les revenants sont la principale constante du fantastique de cette époque. Edgar Poe multiplie les cadavres qui signalent leur présence ou ressuscitent. *Le Chat noir, Le Cœur révélateur, La Chute de la Maison Usher, Bérénice* en sont de bons exemples. Dans *La Dame de pique* de Pouchkine, c'est sous forme de carte à jouer qu'une victime revient hanter son assassin.

Deux courants littéraires traversent ces récits : le romantisme et le réalisme. Autant la première association semble logique, fantastique et romantisme partageant le goût des outrances et privilégiant la sensibilité, comme vient de le montrer l'extrait d'un roman de Hoffmann, autant il semble curieux que des écrivains réalistes se soient penchés sur le surnaturel. C'est pourtant ce que fait Balzac, qui en tire une façon de symboliser le mécanisme des passions.

La Peau de chagrin (1831)
Honoré de Balzac

Chez un antiquaire, Raphaël de Valentin a acquis une peau capable d'assouvir ses désirs. Malheureusement, l'objet rétrécit à chaque vœu, l'obligeant à fuir celle qu'il aime, Pauline.

— Ceci est un talisman qui accomplit mes désirs, et représente ma vie. Vois ce qu'il m'en reste. Si tu me regardes encore, je vais mourir...
La jeune fille crut Valentin devenu fou, elle prit le talisman et alla chercher la lampe. Éclairée par la lueur vacillante qui se projetait également sur Raphaël et sur le talisman, elle examina très attentivement et le visage de son amant et la dernière parcelle de la Peau magique. En la voyant belle de terreur et d'amour, il ne fut plus maître de sa pensée : les souvenirs des scènes caressantes et des joies délirantes de sa passion triomphèrent dans son âme depuis longtemps endormie, et s'y réveillèrent comme un foyer mal éteint.
— Pauline, viens ! Pauline.
Un cri terrible sortit du gosier de la jeune fille, ses yeux se dilatèrent, ses sourcils violemment tirés par une douleur inouïe s'écartèrent avec horreur, elle lisait dans les yeux de Raphaël un de ces désirs furieux, jadis sa gloire à elle ; mais à mesure que grandissait ce désir, la peau, en se contractant, lui chatouillait la main.

Beaucoup de héros romantiques meurent par passion et en éprouvent une sorte de bonheur désespéré. Est-ce le cas ici ?

Dickens, peintre scrupuleux de la société de son époque, fera lui aussi des incursions vers le fantastique, qu'il s'agisse des *Contes de Noël* ou du *Signaleur*.

De même qu'elle traverse les mouvements littéraires, la littérature du macabre, de l'étrange et de la peur se prête à tous les modes d'expression. La nouvelle, que beaucoup d'auteurs continuent à appeler « conte », en référence aux récits merveilleux où le surnaturel s'exprimait auparavant, est la forme d'écriture fantastique la plus répandue. Mais roman, théâtre et même poésie peuvent accueillir le genre.

Les Métamorphoses du vampire (1852)
Charles Baudelaire

La femme cependant, de sa bouche de fraise,
En se tordant ainsi qu'un serpent sur la braise,
Et pétrissant ses seins sur le fer de son busc,
Laissait couler ces mots tout imprégnés de musc :
— « Moi, j'ai la lèvre humide, et je sais la science
De perdre au fond d'un lit l'antique conscience.
Je sèche tous les pleurs sur mes seins triomphants,
Et je fais rire les vieux du rire des enfants.
Je remplace, pour qui me voit nue et sans voiles,
La lune, le soleil, le ciel et les étoiles !
Je suis, mon cher savant, si docte aux voluptés,
Lorsque j'étouffe un homme en mes bras redoutés,
Ou lorsque j'abandonne aux morsures de mon buste,
Timide et libertine, et fragile et robuste,
Que sur ces matelas qui se pâment d'émoi,
Les anges impuissants se damneraient pour moi ! »

Quand elle eut de mes os sucé toute la moelle,
Et que languissamment je me tournai vers elle
Pour lui rendre un baiser d'amour, je ne vis plus
Qu'une outre aux flancs gluants, toute pleine de pus !
Je fermai les deux yeux, dans ma froide épouvante,
Et quand je les rouvris à la clarté vivante,
À mes côtés, au lieu du mannequin puissant
Qui semblait avoir fait provision de sang,
Tremblaient confusément des débris de squelette,
Qui d'eux-mêmes rendaient le cri d'une girouette
Ou d'une enseigne, au bout d'une tringle de fer
Que balance le vent pendant les nuits d'hiver.

in *Les Fleurs du Mal.*

Étudiez le champ lexical* du vampire, de la mort et de la peur.

1860-1918 : perdre la tête

Tout en continuant d'explorer les voies précédentes, le fantastique évolue dans des directions parfois opposées. Avec Maupassant, en particulier *Le Horla,* mais aussi avec Stevenson et son personnage double de *Docteur Jekyll et Mister Hyde,* se développe, apport principal de cette période, **le thème de la folie**, du surnaturel qui investit l'esprit du personnage. L'ambiguïté est l'autre caractéristique importante. Chez Maupassant, comme dans *Le Tour d'écrou* d'Henry James, on ignore jusqu'au bout où se situe la frontière entre surnaturel et hallucination*.

Lui ? (1883)
Guy de Maupassant

J'entrai. Mon feu brûlait encore et éclairait même un peu l'appartement. Je pris une bougie pour aller l'allumer au foyer, lorsqu'en jetant les yeux devant moi, j'aperçus quelqu'un assis dans mon fauteuil, et qui se chauffait les pieds en me tournant le dos.
Je n'eus pas peur, oh ! non, pas le moins du monde. Une supposition très vraisemblable me traversa l'esprit ; celle qu'un de mes amis était venu pour me voir. La concierge, prévenue par moi à ma sortie, avait dit que j'allais rentrer, avait prêté sa clef. Et toutes les circonstances de mon retour, en une seconde, me revinrent à la pensée : le cordon tiré tout de suite, ma porte seulement poussée.
Mon ami, dont je ne voyais que les cheveux, s'était endormi devant mon feu en m'attendant, et je m'avançai pour le réveiller. Je le voyais parfaitement, un de ses bras pendant à droite ; ses pieds étaient croisés l'un sur l'autre ; sa tête, penchée un peu sur le côté gauche du fauteuil, indiquait bien le sommeil. Je me demandais : « Qui est-ce ? » On voyait peu d'ailleurs dans la pièce. J'avançai la main pour lui toucher l'épaule !...
Je rencontrai le bois du siège ! Il n'y avait plus personne. Le fauteuil était vide.

in *Contes et Nouvelles*, Bibliothèque de la Pléiade.

- **Opposez les éléments rassurants et les éléments inquiétants.**
- **Après avoir consulté une encyclopédie ou une biographie de Maupassant, dites quels éléments de sa vie apportent un éclairage particulier à ce texte.**

Tendance inverse, **d'autres auteurs extériorisent le fantastique**, attribuant un rôle moteur à la science. Dans *L'Homme invisible* de H. G. Wells, c'est une invention qui rend le personnage transparent. Dans *Le Docteur Lerne* de Maurice Renard et *L'Île du Docteur Moreau* de Wells, des greffes monstrueuses transforment des hommes en animaux ou en machines. Dans *La Maison des hommes vivants*, Claude Farrère renouvelle le thème du savant fou. On retrouve ici l'origine du fantastique, le Frankenstein de Mary Shelley, cette façon de jeter le discrédit sur la science. Ceux qui veulent la réhabiliter littérairement, Jules Verne par exemple, inventent la science-fiction.

Le fantastique de cette époque évolue au gré des mouvements littéraires, du romantisme décadent d'un Lautréamont ou d'un Jules Laforgue au symbolisme de Mallarmé, auteur d'un poème en forme d'hommage, *Le Tombeau d'Edgar Poe*, du naturalisme de Maupassant à l'apparition, au XXe siècle, avec Kafka, d'une nouvelle forme où le fantastique naît de l'absurde.

La Métamorphose (1915)
Franz Kafka

Quand Gregor Samsa émergea, un matin, de ses rêves agités, il se retrouva dans son lit, changé en un énorme cafard. Il était couché sur le dos, sur sa carapace rigide, et lorsqu'il relevait un peu la tête, il apercevait son ventre bombé, brun, traversé de nervures en forme d'arc, en haut duquel la couverture, prête à glisser définitivement, peinait à se maintenir. Ses nombreuses pattes, pitoyablement minces par rapport à la taille de son corps, papillotaient en vain devant ses yeux.

« Qu'est-ce qui m'est arrivé ? » pensa-t-il. Ce n'était pas un rêve. Sa chambre, une véritable chambre d'homme, bien qu'un peu petite, se tenait sagement là entre les quatre murs habituels. Au-dessus de la table, sur laquelle était étalée une collection d'échantillons de tissus — Samsa était voyageur de commerce — était accrochée l'image qu'il avait récemment découpée dans un magazine et qu'il avait placée dans un joli cadre doré. Elle représentait une dame avec une toque et un boa de fourrure, assise bien droit et tendant à qui la contemplait un lourd manchon dans lequel son avant-bras disparaissait entièrement.

Traduction de Gilbert Millet.

Le surnaturel apparaît dès la première phrase. Comment Kafka parvient-il à l'ancrer néanmoins dans la réalité ?

1918-1945 : des tranchées aux trancheurs de rêves

Alors que le monde du XIXe siècle prend fin au milieu des horreurs de la première guerre mondiale, le fantastique connaît un nouvel essor, se développant dans plusieurs directions différentes et des deux côtés de l'Atlantique, avec des fortunes diverses. Personne n'étant sorti indemne de ce cauchemar, **la littérature fantastique devait absolument se renouveler**.

En Europe, 1924 voit la parution du *Manifeste du surréalisme* d'André Breton, dans lequel il évoque le fantastique en délimitant l'œuvre romanesque (*Le Moine* de Lewis) : « Ce qu'il y a d'admirable dans le fantastique, c'est qu'il n'y a plus que le réel ». On saisit la contradiction, base même du mouvement. Si le fantastique n'a jamais vraiment passionné les surréalistes, ils se sont intéressés de près au merveilleux et à l'imagination, abreuvant immanquablement le fantastique. « L'imaginaire est ce qui tend à devenir réel » écrivait Breton dans *Le Revolver à cheveux blancs*.

Nadja, s'il n'est pas réellement un roman fantastique, joue sur les mêmes altérations, en mettant en place un univers d'apparence réaliste, mais où l'imagination est la clef de voûte de la réalité des personnages.

Nadja (1928)
André Breton

C'est en errant dans les rues de Paris, en quête d'aventure, que le narrateur rencontre une étrange jeune fille.

Sans hésitation, j'adresse la parole à l'inconnue, tout en m'attendant, j'en conviens du reste, au pire. Elle sourit, mais très mystérieusement, et, dirai-je, comme en connaissance de cause, bien qu'alors je n'en puisse rien croire. Elle se rend, prétend-elle, chez un coiffeur du boulevard Magenta (je dis : prétend-elle, parce que sur l'instant j'en doute et parce qu'elle devait reconnaître par la suite qu'elle allait sans but aucun). Elle m'entretient bien avec une certaine insistance de difficultés d'argent qu'elle éprouve, mais ceci, semble-t-il, plutôt en manière d'excuse et pour expliquer l'assez grand dénuement de sa mise. Nous nous arrêtons à la terrasse d'un café proche de la gare du Nord. Je la regarde mieux. Que peut-il bien passer de si extraordinaire dans ses yeux ? Que s'y mire-t-il à la fois obscurément de détresse et lumineusement d'orgueil ? C'est aussi l'énigme que pose le début de confession que, sans m'en demander davantage, avec une confiance qui pourrait (ou bien qui ne pourrait ?) être mal placée elle me fait.

André Breton, *Nadja*, © Éditions Gallimard.

▸ Au début de Nadja, le narrateur envisage de relater sa vie « dans la mesure même où elle est livrée au hasard ». Dans la rencontre avec Nadja, quel rôle joue le hasard ?

L'influence du Mouvement se fait encore ressentir de nos jours, et pas seulement grâce à ses (re)découvertes d'auteurs apparentés au fantastique : Lautréamont, Nerval, Poe... À leur suite, Julien Gracq fera œuvre d'un fantastique surréel dans *Au château d'Argol, Le Rivage des Syrtes* ou *Un balcon en forêt*. À ses côtés, André Pieyre de Mandiargues, qui est certainement le surréaliste ayant créé les liens les plus forts avec le fantastique, mettra en place un univers très personnel : *Feu de braise, La Motocyclette...*

Aux États-Unis, des revues sur papier bon marché font leur apparition, les « **pulp magazines** ». Très spécialisées, elles paient plus ou moins bien leurs écrivains, mais permettent à de nombreux auteurs de se faire connaître et à d'autres de vivre. *Weird* (1923-1954), certainement la plus célèbre d'entre toutes, a révélé Lovecraft, Robert E. Howard (*Les Habitants des tombes, Le Tertre maudit, Chants de guerre et de mort...*), C. A. Smith (*Morthylla, Ubbo-Sathla...*), Robert Bloch (*Retour à Arkham, Un brin de belladone, La Boîte à maléfices...*), Carl Jacobi, W. H. Hodgson (*Les Canots du Glen Carrig, Les Spectres pirates...*), D. H. Keller, Frank Belknap Long (*Le Gnome rouge...*), E. Hamilton ou Abraham Merrit (*Brûle, Sorcière brûle !, La Femme du bois, Rampe, Ombre, rampe !...*). Payés au signe, ils devaient, pour vivre correctement, tenter d'écrire le plus possible et souvent dans des styles totalement différents d'une nouvelle à l'autre, d'une revue à l'autre. Certains, comme Howard, se permettront même de toucher à tous les genres : du fantastique au policier, de la fantasy au sport, du western au récit historique, du texte moralisateur à la nouvelle libertine. Cette pépinière de talents, qui survivra même à la récession de 1929, révolutionna le fantastique, lui donnant un souffle nouveau dont il avait grand besoin, repoussant ses limites vers l'horreur la plus intense (Lovecraft, Hamilton), le macabre le plus noir (Smith, Jacobi, Keller), le gore* le plus sanglant et parfois même l'érotisme le plus torride (Howard).

Le Cobra du rêve (1931)
Robert Howard

Dans mon rêve, il y a seulement le cobra et moi. Je crois que ces instants se sont gravés si profondément dans mon esprit que cela a atteint certains de ces recoins obscurs dont je vous ai parlé précédemment. La connaissance de ma fin imminente s'est imprimée dans mon subconscient. On dit — certains psychologues l'affirment —, que certaines parties de votre cerveau enregistrent et accumulent les pensées et les informations qui leur sont transmises par d'autres parties du cerveau, à un niveau supérieur et conscient. Mais toute pensée, excepté la peur et la certitude de ma mort, a été chassée de mon esprit. Lorsque les chasseurs sont arrivés et m'ont sauvé, j'étais la proie du délire ; je ne pense même pas que mon subconscient ait réalisé que j'étais sauvé, car il était submergé par les pensées de ma mort imminente. Cette explication est nébuleuse et très vague ; je suis incapable de dire pourquoi je le sais… mais je sais que si je fais ce rêve à nouveau, je mourrai ! Cet esprit inconscient, encore inconnu, qui fonctionne seulement lorsque l'esprit conscient est au repos, va poursuivre ce terrible drame jusqu'au dénouement inéluctable, comme il se serait terminé dans la réalité, si ces hommes n'étaient pas intervenus par le plus grand des hasards. Et l'aboutissement de ce processus inconscient, le point culminant, détruira ma vie physique !

in *Les Habitants des tombes*,
traduction de François Truchaud, © Fleuve Noir.

Montrez en quoi le rêve peut devenir menaçant pour la réalité.

Si, dans les années trente et quarante, ces écrivains se firent connaître des couches populaires, leur influence a traversé l'Atlantique et les décennies et demeure toujours très importante, notamment celle de H. P. Lovecraft qui, grâce à ses histoires regroupées sous l'appellation *Mythe de Cthulhu*, a entraîné de nombreux auteurs derrière lui : Howard, Smith, Derleth, Bloch, Long, Donald Wandrei, Fritz Leiber… et tient une place prépondérante auprès d'écrivains contemporains aussi divers que Stephen King, Brian Lumley ou Graham Masterton.

La Tombe (1917)
Howard Phillips Lovecraft

En faisant le récit des circonstances qui m'ont entraîné dans cet asile de fous, je sais que ma situation présente un doute — bien naturel — sur l'authenticité de mon histoire. Il est très malheureux que l'ensemble de l'humanité ait une vision mentale trop limitée pour peser avec patience et intelligence des phénomènes isolés, éprouvés seulement par quelques individus au psychisme particulièrement pénétrant, et qui, par leur exceptionnelle sensibilité, se situent bien au-delà de l'expérience commune.
Des hommes doués intellectuellement savent qu'il n'y a pas de différence nette entre le réel et l'irréel, que les choses ne nous apparaissent qu'à travers la délicate synthèse physique et mentale qui s'opère subjectivement en chacun de nous. Mais le matérialisme prosaïque de la majorité condamne comme folie les éclairs de voyance qui déchirent, chez certains, le voile habituel de l'empirisme banal.
Mon nom est Jervas Dudley, et depuis ma plus tendre enfance, je suis un rêveur et un visionnaire.

in *Dagon et autres nouvelles de terreur* de H. P. Lovecraft,
traduit de l'américain par Paule Pérez,
© Belfond, 1998 pour la traduction française.

- **De quelle manière le narrateur fait-il douter de lui ? Quelle atmosphère cela va-t-il mettre en place dans la nouvelle ?**
- **Qu'essaie-t-il de nous faire comprendre ?**

En Europe, le fantastique prend également une dimension populaire plus importante grâce aux Belges Jean Ray et Thomas Owen, très prolifiques, ou aux Français Marcel Aymé (*La Jument verte, La Vouivre*) et Arthur Bernède (*Belphegor*). Mais l'on assiste surtout, à travers le monde, à une modification des univers mis en place grâce à des écrivains plus intellectuels faisant des incursions dans le fantastique, comme Dino Buzzati (*Le Désert des Tartares* et, après-guerre, *Le K*), Nabokov (*Invitation au supplice, La Méprise*), ou encore Léo Pérutz, Adolfo Bioy Cazares (*L'Invention de Morel*) et Borges (*Fictions*) qui explorent les limites de l'imaginaire, donnant des lettres de noblesse à un genre qui avait perdu une grande partie de sa crédibilité.

1945-2000 : des trancheurs de peuples aux trancheurs de gorges

Malgré cela, le fantastique semble avoir perdu ses racines. Heureusement, au retour de la Seconde Guerre mondiale, Claude Seignolle décide de poursuivre ses recherches de folkloriste et publie des recueils de contes qu'il a rassemblés en parcourant la France. Le fantastique retrouve son âme grâce à ce ressourcement et redécouvre son **côté malsain** : *Les Évangiles du Diable.* Dans le même temps, l'auteur publie ses propres romans et nouvelles : *La Malvenue, Le Rond des sorciers, La Nuit des halles*, qui le révèlent comme l'un de nos plus grands écrivains et stylistes. Près de lui, la France se redécouvre une âme fantastique, grâce également à Marcel Béalu (*L'Aventure impersonnelle*) et à la multiplication des collections bon marché : Marabout, Le Masque, Fleuve Noir, puis NéO, et enfin Denoël/Présence du Fantastique et Pocket/Terreur. Kurt Steiner, Maurice Limat, Pierre Pelot, puis Serge Brussolo (*Le Château d'Encre, Krucifix, Le Syndrome du scaphandrier...*) offrent à la France une certaine reconnaissance.

Le Bocal (1966)
Marcel Béalu

Impossible de lire avec ce poisson dans son bocal. Sans cesse mes regards revenaient vers lui, lumineux et mouvant, seule parcelle de vie peuplant ma solitude. À force de fixer des yeux le globe de verre, il me semblait que son hôte en traversait la transparence

pour nager dans la chambre et me narguer de ses ondoiements dorés. Un jour, excédé, je brisai le bocal. Il y eut par terre un scintillement pareil à un jet d'étincelles. Pour être sûr de ma vengeance, je ramassai le petit animal et, une dernière fois, il frétilla dans ma main. Alors, à ma grande stupéfaction, dès qu'il fut immobile, je n'eus plus entre les doigts qu'un objet glacé qui était une clef d'or. La clef !
... Dans un éclair, je venais de comprendre. Sortant de ma chambre comme un fou, je traversai la ville et j'entrai, à l'aide de cette merveilleuse clef, dans la maison au seuil hier encore interdit, la maison de ma bien-aimée. Elle m'attendait, mille fois différente et mille fois plus belle que je ne l'avais vue dans mes rêves. Entre mes bras, ses tortillements me rappelèrent, une seconde, les derniers sursauts du poisson doré. Mais déjà elle m'enveloppait de la caresse des rivières. Et comme je parvenais au paroxysme de la volupté, les murs autour de moi prirent l'éclat du cristal, tandis qu'un froid mortel se répandait par tout mon corps et que je sentais, horrifié, ma chair se couvrir d'écailles.

in *L'Aventure impersonnelle*, © D.R.

- **Relevez les différentes tonalités du texte.**
- **Dans la dernière partie, montrez de quelle manière la bien-aimée est comparée à un poisson en vous servant des différentes figures de style : comparaisons, métaphores*, hyperboles*...**
- **Dégagez deux ou trois axes de lecture permettant de construire un commentaire oral ou écrit.**

Du côté des Anglo-Saxons, on note l'apparition d'indéniables talents qui vont fonder la **Terreur moderne**. À la suite de Robert Bloch qui lance le phénomène du psychopathe* avec *La Nuit de l'éventreur, L'Écharpe* ou *Psychose* (adapté au cinéma par le génie de Hitchcock), Richard Matheson renouvelle le fantastique traditionnel avec des romans et des nouvelles magnifiques : *Je suis une légende, L'homme qui rétrécit, Journal d'un monstre*. Il est à noter que son fils semble prendre le même chemin.

Dans les années soixante, soixante-dix, un certain fantastique basé sur le merveilleux religieux se rappelle aux bons souvenirs des lecteurs. Ainsi, *Rosemary's Baby* de Ira Levin (adapté au cinéma par Roman Polanski), *L'Exorciste* de William Blatty (adapté par William Friedkin) ont un succès phénoménal, entraînant d'autres œuvres littéraires et audiovisuelles (*La Malédiction* de Richard Donner).

Quelques années plus tard, un jeune auteur américain se révèle aux lecteurs par un étonnant roman : *Carrie* qui sera suivi par de nombreux autres dont *Christine, Cujo, Dead Zone, Shining...* tous adaptés au cinéma (par Brian De Palma pour *Carrie*, Stanley Kubrick pour *Shining...*). Son nom : Stephen King. Véritable phénomène littéraire, puisqu'il vend des millions d'exemplaires de chacun de ses romans, il permet au genre de se développer, et aux maisons d'éditions de se mettre à la recherche de nouveaux talents, puisque ça marche. Aux États-Unis, Dean Koontz suit son exemple avec *Le Masque de l'oubli, Les Larmes du dragon, Miroirs de sang, Les Yeux des ténèbres,* mais aussi James Herbert (*Les Rats, Pierre de Lune, Fog*), Ray Garton, professeur d'écriture, (*Extase sanglante, Tapineuses vampires, Alliance maléfique*). Au Canada, John Saul revisite le genre dans *Créature, Cassie* ou *Hantises.* La Grande-Bretagne n'est pas en reste, lançant de nombreux auteurs presque aussi populaires : Graham Masterton (*Le Miroir de Satan, Le Démon des morts...*), Brian Lumley (*Necroscope, Wamphyri...*), Ramsey Campbell (*Images anciennes, Le Parasite*) ou encore Ian Banks (*Le Seigneur des guêpes*).

Nécroscope (1986)
Brian Lumley

Le nécromancien* Dragosani, qui vient depuis son plus jeune âge nourrir Thibor Ferenczy, un vampire maintenu enchaîné sous terre, a été contaminé par lui, et est donc lui-même habité par un vampire. Il vient une nouvelle fois pour obtenir des réponses à ses questions mais son père en vampirisme lui a tendu un piège.

Dragosani voulut se sauver, car au même moment il sut, mais trop tard, que la Chose dans le sol avait assez mangé de porcelets et de moutons ! À quelques centimètres de l'endroit où il se tenait, un tentacule phallique creva le sol, entailla ses vêtements comme une lame de rasoir et remonta en lui. Comment aurait-il pu s'enfuir alors, s'en débarrasser, même si ce déchirement allait le tuer ; il aurait bien voulu s'enfuir... mais il ne pouvait pas. Garni de barbillons qui grandissaient en lui, le pseudopode se répandit à travers chaque conduit du corps de Dragosani et l'attira vers le sol comme un poisson que l'on vient de pêcher.

Les jambes de Dragosani se dérobèrent sous lui, et il fut plaqué contre cette terre noire qui bouillonnait. Puis la douleur, le tourment, l'ultime agonie commencèrent...

Ses boyaux furent secoués, ses entrailles s'enflammèrent, comme s'il venait d'être plongé dans un bain d'acide ! Et à travers cette douleur incommensurable, il entendit Thibor Ferenczy hurler son triomphe et se moquer de lui en lui posant l'ultime question, celle à laquelle le nécromancien n'avait jamais obtenu de réponse au long de toutes ces années :

Pourquoi me haïssaient-ils ? Mes amis et mes parents ? Pourquoi est-ce que tous les vampires haïssent les autres vampires ? Pourquoi ? La réponse est vraiment très simple ! La vie est dans le sang, Dragosani ! Oh, le sang des pourceaux est suffisant s'il n'y a rien d'autre à se mettre sous la dent, et le sang des poulets et des moutons aussi. Mais ce qui est meilleur, c'est le sang des hommes, comme tu vas bientôt être forcé de le découvrir. Mais par-dessus tout, le véritable nectar de la vie ne peut se trouver que dans les veines d'un autre vampire !

Traduction de Denis Labbé, J'ai lu.

- **Montrez de quelle manière les comparaisons accentuent l'horreur de la situation de Dragosani.**
- **Quelles images nouvelles des vampires nous offre ce texte ?**

Les années quatre-vingt voient se développer une surenchère sanglante, tant en littérature qu'au cinéma : le gore*. Si le phénomène n'est pas nouveau — Robert Howard appréciait déjà cette surabondance d'hémoglobine dans les années trente — il prend un essor considérable. Quelques écrivains y sévissent avec talent : Richard Laymon aux États-Unis, Daniel Walther, Jean-Pierre Andrevon en France. Au cinéma, des films comme *Evil Dead* ou *Massacre à la tronçonneuse* font frissonner les spectateurs.

Et puis, il y a les inclassables, ceux qui révolutionnent le genre. Parmi eux, notons Roger Zelazny, toujours aux frontières des genres, dont la magnifique série des *Princes d'ambre* est à découvrir absolument. Mais aussi Dan Simmons qui, avec *L'Échiquier du Mal*, a livré un véritable chef-d'œuvre.

À l'aube du troisième millénaire, le fantastique, contrairement à ce que pensait Maupassant, est loin d'être mort, comme en témoignent les nombreuses collections et maisons d'éditions qui en publient. En plus des noms déjà cités, notons en France « Naturellement », « Oxymore », « Mnémos » ou « L'Atalante » qui tentent de faire bouger les choses, ainsi que les revues « Ténèbres », « Phénix », « Requiem » (consacrée aux vampires) ou les associations tels « La Clef d'Argent » ou « L'Œil du Sphinx ». De plus, la littérature enfantine s'est emparée de ce genre, lançant de nombreux romans dans des collections pour la jeunesse. Des auteurs y publient des textes adaptés à tous les âges tels R. L. Stine et ses « Chairs de Poule », Christopher Pike, mais également la francophone Gudule (pseudonyme de l'écrivain Anne Duguel qui fait le bonheur des adultes). La relève des lecteurs est assurée, celle des écrivains aussi : Poppy Z. Brite, Nancy Kilpatrick, Kim Newman pour les Anglo-Saxons, Serena Gentilhomme, Pierre Bordage, Fabrice Colin et Mathieu Gaborit pour l'Europe latine s'insinuent dans les esprits, explorant de nouveaux univers décadents (Brite), oniriques (Bordage), poétiques (Gentilhomme) ou renouant avec d'anciens mythes qu'ils remettent au goût du jour : les vampires pour Newman, le Mal pour Colin, les mythes pour Gaborit.

Exercices

Travaux d'analyse

- **Lecture analytique** : proposez deux ou trois axes de lecture pour le poème de Baudelaire *Les Métamorphoses du vampire.*
- **Lecture comparée** : faites une lecture d'*Œdipe roi* de Sophocle et du texte de Robert Howard *Le Cobra du rêve.* En quoi les deux visions prophétiques sont-elles différentes ?

Travaux de création

- **Récit** : racontez de quelle manière Thibor Ferenczy, le personnage de *Necroscope* de Brian Lumley, a été emprisonné sous terre au Moyen Âge et pour quelles raisons.
- **Dialogue** : imaginez, sous la forme d'une pièce de théâtre en un acte, la discussion qui pourrait opposer le narrateur de *La Tombe* de H. P. Lovecraft et son psychiatre ou un inspecteur de police.

Le problème des frontières

Définir le fantastique est délicat. Très vite se pose le problème des frontières avec des genres proches : le merveilleux, la science-fiction, le policier, le roman d'aventure, le conte philosophique.

Fantastique et merveilleux

Le merveilleux est l'univers des contes, qu'il s'agisse des contes véritables, portés au fil des siècles par la tradition orale, ou de contes imaginés par Andersen, Perrault, les frères Grimm et de nombreux auteurs contemporains. Le fantastique et le merveilleux utilisent le surnaturel. Dès lors, comment les distinguer ? D'abord en étudiant **le lieu** et **le moment** de l'action. Roger Caillois, auteur de l'article « Fantastique » de l'*Encyclopædia Universalis*, l'explique très bien : **dans le merveilleux**, « ... **un univers entièrement irréel est procuré d'entrée de jeu**. » Alors que le fantastique a besoin de la réalité, les contes dits « de fée » proposent un monde légendaire, déconnecté du nôtre et qui n'est ni la Terre telle que nous la connaissons ni une lointaine planète comme en offrent les récits de science-fiction. Cet univers a pour caractéristique d'être situé **en dehors du temps de l'histoire**, comme en témoignent les formules traditionnelles qui débutent ces récits : « Il était une fois... », « En ce temps-là... »

Le Petit Chaperon rouge (1697)
Charles Perrault

Il était une fois une petite fille de Village, la plus jolie qu'on eût su voir ; sa Mère en était folle, et sa Mère-grand plus folle encore. Cette bonne femme lui fit faire un petit chaperon rouge, qui lui seyait si bien, que partout on l'appelait le Petit chaperon rouge.
Un jour, sa mère, ayant cuit et fait des galettes, lui dit : « Va voir comme se porte ta Mère-grand, car on m'a dit qu'elle était malade, porte-lui une galette et ce petit pot de beurre. » Le petit chaperon rouge partit aussitôt pour aller chez sa Mère grand, qui demeurait dans un autre Village.

in *Contes*, GF-Flammarion.

- **Relevez les indications de temps et de lieu.**

Arria Marcella (1852)
Théophile Gautier

Trois jeunes gens, trois amis qui avaient fait ensemble le voyage d'Italie, visitaient l'année dernière le musée des Studii, à Naples, où l'on a réuni les différents objets antiques exhumés des fouilles de Pompéi et d'Herculanum.

in *Contes et Récits fantastiques*, Livre de Poche.

- **Relevez les indications de temps et de lieu.**
- **Comparez le début d'*Arria Marcella* avec le début du *Petit Chaperon rouge*.**

D'autre part, merveilleux et fantastique diffèrent par leur tonalité. Le conte traditionnel est **d'essence populaire**, ce qui transparaît dans une façon souvent désinvolte de mener le récit sans se préoccuper de paraître crédible, dans une certaine tendance à moraliser — Perrault termine *Le petit Chaperon rouge* par une « moralité » en vers —, ainsi, parfois, que dans le choix d'un vocabulaire populaire. Le fantastique, lui, se caractérise par des récits plus élaborés, par une montée de l'angoisse, de la peur ou de la terreur que la fin, même si elle est heureuse, ne pourra entièrement dissiper. On pourrait presque dire que la catharsis* fonctionne dans le cas des contes de fée, qui se saisissent des peurs et pulsions enfantines pour les exorciser tandis que **le fantastique instille la méfiance et laisse son lecteur empreint d'un malaise**, voire de pulsions inquiétantes.

Notons que si la distinction entre merveilleux et fantastique semble aisée à établir, certains auteurs prennent plaisir à brouiller les pistes. C'est le cas de Claude Seignolle qui dissimule sous des apparences de contes populaires, issus de la tradition orale, des récits fantastiques de son invention.

Le Loup en Garou (1947)
Claude Seignolle

Une fois un homme revenait tard de la foire de Brantôme lorsque, en pleine campagne, il sentit brusquement quelque chose lui tomber sur les épaules. C'était mou, lourd et cela respirait comme un être vivant.
Malgré tous ses efforts pour s'en débarrasser, il ne put y parvenir et eut bien du mal à redresser sa marche, car la chose le forçait à se diriger vers la rivière toute proche.
Il finit par arriver devant chez lui, harassé comme s'il avait couru depuis son départ. Sa femme lui apprit qu'il avait dû porter un Lébérou repu et se signa en pensant combien la mort s'était rapprochée de son homme.

Éditions Hesse.

- **Quels éléments apparentent ce texte à un conte ?**
- **Quels éléments l'apparentent à un récit fantastique ?**

Remarquons, pour terminer, qu'il existe un domaine où merveilleux, fantastique et même science-fiction se rencontrent sans qu'il soit facile de tracer une frontière. Il s'agit de la « fantasy* » ou « heroic fantasy ». Issue de Tolkien, habitée par le goût de l'aventure, des rebondissements et des civilisations cachées d'un Edgar

Rice Burroughs ou d'un Abraham Merrit, habile à reprendre des mythes grecs aussi bien que la légende arthurienne, les *Mille et Une Nuits* ou les contes de fée, elle présente des héros dotés de pouvoirs magiques, comme *Le Sorcier de Terremer* d'Ursula Le Guin. Ils évoluent dans des mondes imaginaires qui présentent parfois le caractère inquiétant des récits fantastiques, ainsi certaines aventures de *Conan* de Robert Howard.

Fantastique et science-fiction

Il est fréquent de considérer la science-fiction comme une littérature d'anticipation qui imagine l'état futur du monde. Cette définition est en partie inexacte puisque certains romans de science-fiction, en particulier ceux qui envisagent des voyages dans le temps, envoient leurs personnages dans le passé. Il est plus exact de définir **la science-fiction** comme une **littérature des possibles** où l'on imagine toutes les éventualités d'évolution du monde, dans le futur comme dans le présent ou le passé. On voit tout de suite que cela **s'oppose au fantastique qui présente des faits surnaturels donc *a priori* impossibles.** Prenons comme exemple le thème du double. Edgar Poe propose une approche fantastique du thème.

William Wilson (1839)
Edgar Allan Poe

Troublé par l'arrivée dans son collège d'un homonyme né le même jour que lui, le personnage bascule dans le jeu et les plaisirs. Son double le suit partout, démasque ses tricheries. Lors d'un carnaval, ils s'affrontent. William Wilson plonge une épée dans la poitrine de son double.

En ce moment, quelqu'un toucha à la serrure de la porte. Je me hâtai de prévenir une invasion importune, et je retournai immédiatement vers mon adversaire mourant. Mais quelle langue humaine peut rendre suffisamment cet étonnement, cette horreur qui s'emparèrent de moi au spectacle que virent alors mes yeux ? Le court instant pendant lequel je m'étais détourné avait suffi pour produire, en apparence, un changement matériel dans les dispositions locales à l'autre bout de la chambre. Une vaste glace — dans mon trouble, cela m'apparut d'abord ainsi — se dressait là où je n'en avais pas vu trace auparavant ; et, comme je marchais frappé de terreur vers ce miroir, ma propre image, mais avec une face pâle et barbouillée de sang, s'avança à ma rencontre d'un pas faible et vacillant.

C'est ainsi que la chose m'apparut, dis-je, mais telle elle n'était pas. C'était mon adversaire, c'était Wilson qui se tenait devant moi dans son agonie. Son masque et son manteau gisaient sur le parquet, là où il les avait jetés. Pas un fil dans son vêtement, — pas une ligne dans toute sa figure si caractérisée et si singulière, — qui ne fût mien, — qui ne fût mienne ; — c'était l'absolu dans l'identité !

in *Nouvelles Histoires extraordinaires*,
traduction de Baudelaire, « Folio », Gallimard.

Edgar Poe renvoie son personnage au miroir. Pourquoi ?

Trouble, angoisse, révolte contre l'incompréhensible qui est aussi une révolte contre sa propre débauche, William Wilson éprouve jusqu'à la destruction finale (son double va lui dire : « ... tu t'es radicalement assassiné toi-même ! ») les affres d'un homme inapte à appréhender ce qui lui arrive, à saisir qui il est.

La science-fiction désamorce cette force inquiétante. Le principe de la rencontre avec soi-même devient simple. Celui qui, à l'aide d'une machine à explorer le temps, se rend à Waterloo en 1815 y rencontre Napoléon. Celui qui se décale de quelques mois ou de quelques années dans le futur ou le passé débarque en un lieu où il se trouve — se trouvait, se trouvera — déjà. Mahler, personnage presque unique de la nouvelle de Robert Silverberg, *Absolument inflexible* (1956) est responsable du bureau qui, en 2784, reçoit des voyageurs du passé et les expédie, après des tests médicaux, sur la Lune où ils resteront prisonniers. Laisser un « anachronique » circuler librement sur Terre serait en effet condamner l'humanité à des millions de victimes. Les maladies ont été vaincues et les organismes ne sont plus habitués à se défendre contre les infections d'autrefois.

Un jour, manipulant le « diachrone » de son dernier visiteur, il se trouve projeté en 2360, un passé inquiétant, pollué, violent dont Mahler s'enfuit aussitôt. Revenu en 2784, il est arrêté, revêtu d'un scaphandre qui le rend méconnaissable mais protège les autres, et conduit devant... lui-même.

Absolument inflexible (1956)
Robert Silverberg

S'il est Mahler...
Qui suis-je ?
Soudain Mahler vit que se refermait le cercle vicieux, le cercle fou. [...] Mais où donc commençait le cercle ? Quelle, et où, était l'origine de ce diachrone ? Il était parti dans le passé pour le ramener dans le présent pour le ramener dans le passé pour...
Vertige. Il n'y avait pas d'issue. Il regarda l'homme assis derrière le bureau et s'avança vers lui, qui était paré de tous les prestiges, alors que lui-même, qui en était dépossédé, considérait son impuissance et l'impasse.
Il était parfaitement inutile de discuter avec l'absolument inflexible Mahler.
*Mahler se contentera de dire : « **Indiquez-moi seulement la sortie pour la Lune.** »*

in *Le Livre d'or de la science-fiction*,
traduction de Didier Pemerle, J'ai lu.

Face à lui-même, Mahler connaît-il la panique et la terreur de William Wilson ? Pourquoi ?

La distinction n'est pas toujours aussi simple à établir. *Frankenstein* de Mary Shelley est considéré comme un des premiers grands romans fantastiques. Pourtant, l'apparition du monstre n'est pas surnaturelle. Ce sont les travaux scientifiques de

Victor Frankenstein qui lui ont donné vie. Ce qui fait le fantastique, c'est le sentiment de Frankenstein d'avoir transgressé les règles de la nature et même violé une loi divine et de devoir le payer par la mort de tous ses proches. De la même façon, lorsque Philip K. Dick, avec *Ubik, À rebrousse-temps* ou *En attendant l'année dernière*, jette le doute sur la santé mentale de ses personnages, pris dans le vertige d'univers cauchemardesques qui oscillent entre le réel et le virtuel, il le fait dans un cadre de science-fiction mais avec des procédés, des motivations qui croisent celles de Maupassant avec celles de Kafka.

Fantastique et roman policier

Le roman policier est né au XIXe siècle. L'un de ses créateurs est Edgar Poe qui propose de célèbres énigmes dans *Double assassinat dans la rue Morgue* ou *La Lettre volée*. Edgar Poe étant par ailleurs un des premiers maîtres du fantastique, il ne faut pas s'étonner que les deux genres se croisent. **Le fantastique proposant un mystère, acteurs et témoins sont souvent amenés à enquêter pour saisir ce qui s'est passé**. C'est ce que fait le personnage principal du roman de Lovecraft *L'Affaire Charles Dexter Ward*. Il tente de comprendre qui était son ancêtre Joseph Curwen, un homme si terrible que l'on a décidé de cacher le lieu de sa sépulture. Parallèlement, le roman fonctionne comme une enquête sur le sort de Charles Dexter Ward. Alors qu'un roman policier ordinaire débouche sur la découverte de l'assassin, la solution proposée par Lovecraft est fantastique. On apprend que Ward a ressuscité par magie son ancêtre, a été tué par lui et que le maléfique Curwen s'apprête à faire revenir les « Grands Anciens » qui ont autrefois dominé la Terre.

La frontière est si étroite entre roman policier et fantastique que **bien des auteurs entraînent leurs lecteurs sur des fausses**

pistes surnaturelles avant de donner au mystère une solution logique. Gaston Leroux en est un grand spécialiste. *Le Fauteuil hanté, Le Fantôme de l'Opéra, Le Mystère de la chambre jaune,* nombreux sont les romans où il nous égare sur des pistes fantastiques.

Le Fantôme de l'Opéra (1908)

Gaston Leroux

Les représentations de l'Opéra sont troublées par l'apparition d'un fantôme qui, non content de semer la panique et d'exiger le remplacement d'une cantatrice vedette, se livre à plusieurs crimes. Le voici assistant à un repas offert par les directeurs de l'Opéra, MM. Richard et Moncharmin à leurs prédécesseurs MM. Debienne et Poligny :

Il n'avait pas prononcé un mot, et ses voisins eux-mêmes n'eussent pu dire à quel moment précis il était venu s'asseoir là, mais chacun pensa que si les morts revenaient parfois s'asseoir à la table des vivants, ils ne pouvaient montrer plus macabre visage. Les amis de MM. Firmin Richard et Armand Moncharmin crurent que ce convive était un intime de MM. Debienne et Poligny tandis que les amis de MM. Debienne et Poligny pensèrent que ce cadavre appartenait à la clientèle de MM. Richard et Moncharmin. De telle sorte qu'aucune demande d'explication, aucune réflexion déplaisante, aucune facétie de mauvais goût ne risqua de froisser cet hôte d'outre-tombe. [...] En réalité, le fantôme est-il venu s'asseoir, cette nuit-là, au banquet des directeurs sans y avoir été invité ? Et pouvons-nous être sûrs que cette figure était celle du fantôme de l'opéra lui-même ? Qui oserait le dire ? Si je parle de cet incident ici, ce n'est point que je veuille une seconde faire croire ou tenter de faire croire au lecteur que le fantôme ait été capable d'une aussi superbe audace, mais parce qu'en somme la chose était très possible.

Livre de Poche.

L'existence du fantôme est-elle mise en doute ?

La fin du roman nous apprendra qu'il n'y avait pas de fantôme mais un habile prestidigitateur dont la laideur est telle que tous le repoussent, ce qui lui a fait prendre en haine l'humanité. Le roman n'est plus fantastique mais policier.

D'autres auteurs s'amusent à mêler les genres. Dans une uchronie* qui constitue la suite du *Dracula* de Bram Stoker, Kim Newman imagine que le célèbre vampire a épousé la reine Victoria. Devenu Prince consort, il impose en Angleterre le règne de ses semblables. Mais des prostituées vampires sont éventrées dans les plus sordides quartiers de Londres, une série de crimes qui rappelle, dans notre monde, l'énigme de Jack l'Éventreur. Autre clin d'œil : si Lestrade mène l'enquête, c'est parce que son rival, le détective Sherlock Holmes, a été déporté par les vampires auxquels il résistait.

Anno Dracula (1992)
Kim Newman

Elle s'effaça pour laisser passer l'homme de Scotland Yard. Ses dents aiguës pointaient sous une moustache clairsemée. Vivant, il avait eu un visage de fouine, et sa moustache avait accentué cette ressemblance. Ses oreilles commençaient à se remodeler et devenaient plus pointues. Comme beaucoup de la lignée du Prince consort, il n'était pas encore arrivé à sa forme définitive. Il portait des lunettes à verres fumés derrière lesquels deux points écarlates suggéraient des yeux à l'affût.
Il posa son chapeau sur le bureau.
— La nuit dernière, déclara-t-il d'un ton précipité, dans Chicksand Street. Une véritable boucherie.

Traduction de Thierry Arson, J'ai Lu.

Le mot « vampire » n'est pas utilisé. Par quels indices, quelles allusions est-il remplacé ?

Fantastique et roman d'aventure

Le roman d'aventure lance les personnages dans une suite de péripéties. De la même façon, **nombreux sont les héros fantastiques qui arpentent le monde pour échapper à un danger**. Frankenstein poursuit sa créature jusque dans les immensités glacées de l'Arctique. Van Hesling et ses amis anglais vont jusqu'en Roumanie pour détruire Dracula. Les vampires psychiques de *L'Échiquier du Mal* de Dan Simmons se rendent responsables de crimes dans de multiples pays du monde. Ceux qui les chassent voyagent autant qu'eux et sont ballottés de fait divers en fait divers. L'aventure peut être plus intérieure et tout aussi spectaculaire. C'est le cas dans *La plus belle histoire du monde* de Kipling. Charlie Mears est employé de banque à la Cité de Londres et mauvais écrivain à ses heures. Un jour, il imagine une histoire extraordinaire : la vie d'un esclave ramant sur une galère de la Grèce antique, l'esclave qu'il a été dans une vie antérieure.

La plus belle histoire du monde (1894)
Rudyard Kipling

— Je ne sais pas comment on se battit. Les hommes me piétinaient partout le dos et je me faisais petit. Puis, nos rameurs, sur le côté gauche, — attachés aux rames, vous savez, — commencèrent à hurler et à scier pour faire tourner le bateau. Je pouvais entendre l'eau grésiller, nous virions comme un hanneton, et je compris, couché où j'étais, qu'il venait une galère droit sur nous pour nous couler à l'éperon par le flanc gauche. Je pouvais juste assez soulever la tête pour voir sa voile au-dessus du bordage. Nous voulions la recevoir proue à proue, mais il était trop tard. Nous ne pouvions que tourner un peu parce que la galère à notre droite s'était collée à nous et nous empêchait de bouger. Et alors, crédié ! quel choc ! Nos rames de gauche commencèrent à se casser au fur et à mesure que l'autre galère, celle qui arrivait, vous savez, enfonçait son nez dedans. Alors, les rames de l'entrepont jaillirent

à travers les planches du pont, le manche en avant, et l'une d'elles sauta en l'air et vint retomber tout près de ma tête.

Rudyard Kipling, *La plus belle histoire du monde*,
© Mercure de France, 1900 pour la traduction française
de Louis Fabulet et Robert d'Humières.

◗ Faites une recherche sur la métempsycose* et les religions qui la placent parmi leurs croyances.

Malheureusement, ces souvenirs s'effacent peu à peu. « La plus belle histoire du monde ne serait jamais écrite. »

Fantastique et conte philosophique

Un conte philosophique est un récit où **l'auteur plonge ses personnages dans une suite d'aventures pour mettre en évidence des idées**. Un des maîtres du genre, Voltaire, fait de *Candide* une satire de l'optimisme. Il n'hésite pas à recourir au merveilleux. *Zadig* en est le meilleur exemple. Rien d'illogique, donc, à ce que certains écrivains utilisent le fantastique de la même façon. Lorsque Balzac écrit *La Peau de chagrin*, il veut montrer que les passions détruisent l'homme. L'antiquaire qui vend la peau magique explique : « Vouloir nous brûle et Pouvoir nous détruit ; mais Savoir laisse notre faible organisation dans un perpétuel état de calme. » Les motivations de Boulgakov sont plus politiques.

Cœur de chien (1925)
Mikhaïl Boulgakov

Dans les premières années de la révolution bolchévique, le professeur Filip Filippovitch Preobrajenski tente sur un chien une expérience inédite : lui greffer les organes génitaux et l'hypophyse d'un mort. Le chien prend forme humaine et, sous le nom de Poligraf Poligrafovitch Boulle, devient un redoutable militant communiste qui fait régner la terreur autour de lui.

Une sonnerie assurée retentit, et Poligraf Poligrafovitch fit son entrée avec une dignité inaccoutumée. Sans dire un seul mot, il ôta sa casquette, pendit son manteau dans l'entrée et apparut alors sous un aspect entièrement inédit. Il portait une veste de cuir trop large pour lui, des pantalons râpés taillés dans le même matériau et de hautes bottines anglaises dont le laçage montait jusqu'au genou. En même temps, une incroyable odeur de chat se répandait dans toute la pièce. Préobrajenski et Bormental, comme en réponse à un commandement, croisèrent les bras sur leur poitrine, se plantèrent devant la porte et attendirent les premières explications de Poligraf Poligrafovitch.

Le camarade Poligraf Poligrafovitch Boulle vient d'être nommé directeur « de la direction effective de la Sous-Section d'Épuration des Animaux errants (chats, etc.) pour la ville de Moscou. »

Mikhaïl Boulgakov, *Cœur de chien*, traduction de Michel Pétris,

- **En quoi ce texte est-il fantastique ?**
- **En quoi ce texte est-il une satire du régime bolchevique ?**

De la même façon, Ionesco utilise la métamorphose pour dénoncer le totalitarisme (*Rhinocéros*) et une croissance anarchique d'un être (*Amédée ou Comment s'en débarrasser*) ou de choses (*Les Chaises*) pour installer l'absurde. *Le Roi des Aulnes* de Michel Tournier pose le problème de la monstruosité à travers un personnage dont les souhaits se réalisent.

Exercices

Travaux d'analyse

- **Fiche de lecture** : Brian Aldiss, *Frankenstein délivré,* 1973, J'ai Lu.

En 2020 une rupture de l'espace-temps consécutive à une guerre nucléaire expédie Joseph Bodenland, un Américain, dans la Suisse de 1816. Il y rencontre Victor Frankenstein, sa créature mais aussi Mary Shelley en passe d'écrire *Frankenstein*...
La fiche devra mettre en évidence les éléments empruntés à la science-fiction, ceux qui relèvent du fantastique mais aussi les traces d'enquête policière et les éléments de réflexion qui peuvent faire de ce roman un conte philosophique.

- **Analyse d'un film** : *Noir comme le souvenir* de Jean-Pierre Mocky, 1995.
Une fillette dont l'enlèvement suivi d'une mort atroce a détruit le couple de ses parents réapparaît, des années plus tard.
L'analyse mettra en évidence les mécanismes qui orientent une intrigue policière vers le fantastique afin de brouiller les pistes et d'empêcher le spectateur de découvrir la vérité, qui était pourtant assez évidente.
La même étude pourrait être menée sur *Seven* de David Fincher.

Travaux de création

- **Critique d'un film** : elle pourra porter sur *Phantom of the Paradise* de Brian de Palma ou sur *Alien* de Ridley Scott. On tentera d'y mettre en évidence ce qui relève du fantastique, de la science-fiction, du film d'aventure, du policier, voire de la réflexion métaphysique.

- **Transformation d'un texte** : prendre un conte de fée assez court (*La Barbe bleue* ou *Les Fées* de Charles Perrault) et le transformer en récit fantastique.

L'évolution du fantastique : la métamorphose

Issu d'une **réaction contre l'esprit rationaliste et le monde industriel**, le fantastique a trouvé dans les inquiétudes nées des deux guerres mondiales, des catastrophes écologiques, des menaces nucléaires, bactériologiques et chimiques un nouveau ciment indispensable à son développement. Alors que l'on aurait pu penser que certains mythes fantastiques maintes fois rabâchés allaient être délaissés par des écrivains las de se répéter, les **thèmes** les plus exploités ont traversé les époques. Celui de la **métamorphose** en est un parfait exemple et se prête parfaitement à cette étude. Hérité d'âges antérieurs au fantastique, puisque déjà présent dans les légendes gréco-romaines (les métamorphoses des dieux et des mortels en animaux, en plantes ou en minéral), il a traversé les âges dans le conte de fées (le prince changé en grenouille, la citrouille en carrosse), les récits de veillées (le loup-garou) et se trouve vivifié par les progrès scientifiques qui créent un lien entre le fantastique et la science-fiction.

Premiers symptômes

Les métamorphoses, célèbres grâce au poème de douze mille vers d'Ovide, faisaient déjà parties de la cosmogonie grecque et romaine, puisqu'on en trouve des traces chez Pausanias, Hésiode, Apulée ou même chez Homère lorsque les compagnons d'Ulysse sont changés en pourceaux par la magicienne Circé. Elles appartenaient à l'imaginaire collectif des sociétés antiques, comme en attestent également les épopées mésopotamiennes, l'apparence des dieux égyptiens, la magie présente dans les légendes celtes ou scandinaves. Si les métamorphoses en animaux sont connues : en cavale pour Ocyrhoé, en taureau pour Jupiter, en génisse pour Io, en loup pour Lycaon, en cerf pour Actéon..., il ne faut pas oublier celles en végétal : les Héliades en peupliers, ou en minéral : Battos en rocher, Atlas en montagne, les Piérides en pics... Cyanée et Byblis sont même changées en source.

Les Métamorphoses (8 après J.-C.)
Ovide

À la mort de leur frère Phaéton, ses sœurs, les Héliades sont en deuil.

L'une d'elles, Phaétusa, l'aînée des sœurs, voulant se prosterner à terre, se plaignit de sentir ses pieds raidis, en essayant de la rejoindre, la blanche Lampétié fut retenue au sol par une racine soudainement poussée. Comme la troisième s'apprêtait à s'arracher les cheveux, il lui resta dans les mains des feuilles. L'une sent ses jambes se muer douloureusement en longues branches. Et, toutes surprises encore de ce prodige, voici que l'écorce entoure leurs flancs et graduellement leur enveloppe le ventre, la poitrine, les épaules, les mains ; seule leur restait libre la bouche pour appeler leur mère. Que pouvait faire la mère, sinon, suivant l'élan qui l'emporte, d'aller de l'une à l'autre, et, pendant qu'il en est temps encore, d'échanger avec elles des baisers ? Ils ne lui suffisent pas : elle tente d'arracher aux troncs leurs corps et de ses mains brise les tendres rameaux. Mais il en coule, comme d'une blessure, des gouttes de sang. « Pitié, ma mère, je t'en supplie », s'écrient-elles à mesure qu'elle les blesse. « Pitié, je t'en supplie ! C'est notre corps qui, avec l'arbre, est déchiré. Et maintenant, adieu ! » L'écorce vient étouffer leurs dernières paroles. Il en coule des pleurs et, goutte à goutte, au soleil se solidifie l'ambre, né des rameaux nouveaux. Le fleuve transparent le recueille et l'emporte aux femmes latines qui s'en pareront.

Traduction de Joseph Chamonard, GF-Flammarion.

- **Relevez le champ lexical* du végétal et montrez la métamorphose progressive des Héliades.**
- **En quoi ce texte préfigure-t-il le fantastique sans quitter le merveilleux ?**

Gare au loup !

Le **loup-garou** est certainement l'un des thèmes les plus développés dans la littérature fantastique. Hérité des contes et de cette vision terrifiante du loup qui rôdait autour des villes et des villages au Moyen Âge et jusqu'au début du siècle, il véhicule toutes les peurs enfantines, noire terreur qui oblige l'enfant, et l'adulte, à remonter les couvertures sur son visage. À la fois homme et bête, le lycanthrope* rouvre la cicatrice jamais bien refermée de l'appel de la forêt chez l'homme, révélant toute sa bestialité, son désir de s'arracher à notre monde trop policé, trop policier, également. Depuis *Olalla* de Stevenson et *Hughes-le-loup* du duo Erckmann-Chatrian, le loup-garou a offert quelques-unes de ses plus belles pages à la littérature fantastique. Robert Bloch (*L'homme qui criait au loup*), Claude Seignolle (*Le Gâloup*), Guy Endore (*Le Loup-garou de Paris*), Angéla Carter (*La Compagnie des Loups*), mais également Poul Anderson (*Opération chaos*), Stephen King (*Peur bleue*), Clive Barker (*Entre chien et Loup*) ou l'étonnant *L'Heure du loup* de Robert McCammon proposent des variations sur ce thème, allant du simple conte de fée (Carter), à l'introspection (Seignolle), en passant par l'humour (Anderson) et l'horreur la plus noire (McCammon). Il faut signaler que ce thème a fait plusieurs fois la une cinématographique grâce aux petits chefs-d'œuvre de George Waggner *Le Loup-garou* (1941) avec Lon Chaney, Neil Jordan *La Compagnie des loups* (1984), Joe Dante *Hurlements* (1980) ou Michael Wadleigh *Wolfen* (1980).

Le Gâloup (1960)
Claude Seignolle

Le narrateur, un loup-garou, raconte ses sensations d'homme-loup et sa vision du monde.

Mon état de loup vorace aux flancs pétris par la faim perpétuelle me fait redouter des autres bêtes de la nuit dont je pourrais être le roi si envie me venait, mais le respect qu'elles me témoignent repaît mon orgueil en suffisance tout en me laissant pleine liberté.
Si, habillé de peau velue, je suis le plus redouté des loups, il est certain qu'habillé de vêtements d'hommes je pourrais être le plus redouté des hommes. On dirait en me voyant : « Regardez notre meneur. » On m'admirerait tout en me redoutant, car je suis roi de droit et ce pouvoir m'aide à percer l'un après l'autre les mystères du monde animal entourant l'homme et l'oppressant sans qu'il trouve remède d'apaisement : ces faits étranges qu'il soupçonne sans oser se les expliquer... Ainsi, à présent que je viens de donner son compte à mon ventre, ayant pour cela réduit de moitié ce troupeau terrorisé par ma soudaine apparition et bêlant comme une récréation d'enfants dissipés, je me suis allongé à terre, lourd et repu, le museau entre les pattes...
... Et... et que vois-je ramper vers cette clairière sableuse posée là, tel un écrin de satin grisâtre !
... Une, deux, puis d'autres et d'autres vipères !
... Grosses vipères courtes, rouges ou noires, agressives de sifflements ; petits monstres d'angoisse pour l'homme... Volutes de chair glacée, spectacle distrayant pour moi...
Ce sont les serpents des années passées, les adultes, les vieux...

Claude Seignolle, *Le Diable en sabots*,

- **Relevez les comparaisons dans le deuxième paragraphe. En quoi les deux superlatifs sont-ils hyperboliques* ? Que montrent-ils du caractère du personnage ?**
- **Montrez que le narrateur est à la fois homme et loup dans ses pensées.**

Avatars de tous poils

Le thème de la métamorphose ne s'est pas limité au simple loup-garou. L'imagination des écrivains de fantastique étant sans limites, de nombreuses variations ont été apportées, liant aussi bien l'homme au règne animal :

- l'ours dans *Lokis* de Mérimée ou *L'Ours de la Filfa* d'Alain Delbe ;
- le rhinocéros dans la pièce *Rhinocéros* de Ionesco ;
- le chat dans *Miaou* de Tanith Lee, *Sortilèges du fond des âges* d'Algernon Blackwood, *Celui qui s'y frotta* de Claude Seignolle
- les poissons dans *Le Cauchemar d'Innsmouth* de Lovecraft ou *Le Bocal* de Marcel Béalu ;
- la truie dans *Truisme* de Marie Darrieussecq ;
- les insectes et arachnides : *La Métamorphose* de Kafka, *L'Araignée* de Ewers, *Teddy Boys* de Buzzati, *L'Ouvrière du bois* de Nancy Kilpatrick, *Les Guêpes* d'Alain Delbe, *La Mante* de Thomas Owen

qu'au monde minéral comme dans *La Montagne morte de la vie* de Michel Bernanos où les deux personnages sont peu à peu assimilés à la roche, tandis que les plantes, la rivière et même l'eau deviennent charnelles.

Aussi étonnant, *La Voix dans la nuit* de William Hope Hodgson présente un naufragé qui se voit changé peu à peu en une énorme éponge, tandis que dans son roman *Fluke*, James Herbert met en scène un homme réincarné en chien qui cherche son meurtrier. Enfin, on ne pouvait passer à côté d'un autre texte de Dino Buzzati, *Suicide au parc*, dans lequel on assiste à la métamorphose d'un homme en automobile.

L'Ouvrière du bois (1997)
Nancy Kilpatrick

Aileen, initiée par son amie Nana, travaille le bois dans sa cave, le recouvrant ensuite d'une laque extraite d'un insecte femelle qui attire le mâle et l'englue dans cette résine. Elle invite son mari, Larry, à descendre la rejoindre.

Aileen le tira sur elle. Le bois exotique craqua sous le double poids mais les supporta. Elle lui déchira la chemise pendant qu'il s'occupait de sa culotte. Il remonta un peu plus haut sur le corps d'Aileen, frissonnant, de peur, de froid ou de passion, elle n'aurait pas pu le dire. Elle pouvait seulement sentir un vague instinct de prédateur émanant de lui ; elle se sentait suffisamment en sécurité.
Les dents d'Aileen aiguisées comme un ciseau se refermèrent sur l'épaule large de Larry, perçant la peau moite. Il hurla et se contorsionna, mais la sueur poisseuse de sa femme liait leurs peaux et, en fait, il ne résista pas tellement. Et quand ils s'unirent, ce fut parfait, aussi parfait que ce qu'Aileen avait toujours prévu. Exactement comme ce que sa Nana lui avait raconté.
Le pâle bois clair sous elle. L'arôme familier de la laque s'infiltrant dans ses pores. Elle et Larry enchâssés dans ce milieu protégé. Maintenant qu'elle s'était enfin adaptée, elle pouvait rester ici toute sa vie. Dans un confort total et sécurisant. S'accouplant. Mangeant. Produisant la prochaine ouvrière.

in *Ténèbres* n° 2, traduction de Denis Labbé.

- **Relevez les termes liés aux sens (odorat, toucher, goût, ouie, vue). En quoi participent-ils au piège ?**
- **Montrez les éléments de la métamorphose d'Aileen.**
- **Relevez les différents temps. Donnez leur valeur et montrez leur importance dans l'évolution du récit.**

Bien entendu, les métamorphoses en animal, monstre ou autre double maléfique permettent au fantastique de faire entrer de plain-pied le lecteur dans un **univers horrifique**. Et si, par exemple, la métamorphose fonctionnait dans un sens totalement différent ? Si le pauvre hère, perdu, rejeté par notre société se retrouvait paré d'attributs divins ? Si on le changeait en ange, par exemple, que lui arriverait-il ? C'est ce qu'a proposé David Sosnowski dans sa nouvelle *Fix*. Il se rapproche en cela de l'univers de la bande dessinée issue des « comics* » américains qui met en scène de simples mortels héritant des pouvoirs de dieux antiques : Thor, Loki... et qui doivent vivre cette double identité, avec tout ce que cela entraîne de difficultés.

Fix (1986)
David Sosnowski

Droguée, Lizzy s'aperçoit un matin, sous la douche, que quelque chose lui pousse dans le dos. Cela fait fuir son ami Skinner.

À force, Lizzy accepta finalement le fait de s'être laissée pousser des ailes en l'honneur de Dieu, pour de vrai, pas des conneries d'hallucinations — la première chose qu'elle ressentit fut de l'embarras. Qui diable pensait-elle être et ne savait-elle pas ce qu'il fallait faire ? Elle avait commis des erreurs auparavant, c'était certain, mais c'était pire que de se réveiller enceinte. Au moins alors, avait-elle su d'où ça venait et qu'en faire. Et personne à la clinique ne s'était senti obligé de dire, « Comment est-ce arrivé ? ». Son petit avortement n'inspira à personne l'écriture d'articles pour des journaux médicaux, ou pour le National Enquire, décrivant son cas avec force détails effroyables, et promettant « des photos effrayantes à l'intérieur. » Non — la venue, le départ, l'obtention et la fixation de la procréation était assez ennuyeux, vraiment, pour quelqu'un qui n'est pas directement impliqué. Skinner, par exemple, ne le sut jamais et n'aurait pas voulu le savoir.

Mais des ailes ! Merde. Qui savait quelque chose à propos des ailes ? Les pilotes, les prêtres, les observateurs d'oiseaux, peut-être, mais pas les camés. La came, c'était l'opposé des ailes. La came, c'était comme sombrer à travers la croûte terrestre jusqu'au centre en caramel mou du néant. Les ailes étaient une chose céleste, bénie-bénie et tralali-la-la. Huile et eau, jamais conciliables... vous comprenez ?

Mais à ce moment-là, Lizzy comprit que les ailes étaient aussi quelque chose d'autre : un joker. Les seules choses avec des ailes que les gens aiment sont les anges. Et les anges avaient renoncé à la pire de toutes les habitudes. La Mort. Alors... ipso facto, et pourquoi pas l'enfer ? Pourquoi Lizzy ne pourrait-elle pas être immortelle ? Une bonne impossibilité en mérite bien une autre, non ? Mais comment pouvait-elle savoir sans...

Traduction de Denis Labbé, in *Ainsi soit l'Ange*, Léa Silhol ed., © Éditions de l'Oxymore, 1999.

- **Faites apparaître les oppositions entre le monde des drogués et les ailes.**
- **Pourquoi ces ailes font-elles naître l'espoir chez Lizzy ?**

De tubes en essais

Les progrès de la science aidant, et cela bien avant les clonages opérés sur des moutons, les écrivains fantastiques ont imaginé des **manipulations génétiques**, des expériences sur l'être humain, sur les animaux, menant le fantastique jusqu'à ses frontières communes avec la science-fiction, plongeant l'anticipation dans la plus noire des terreurs. Bien sûr, on pense inévitablement au merveilleux livre de Stevenson *L'étrange cas du Docteur Jekyll et de Mr Hyde*, où un honorable médecin décide de pratiquer des expériences sur lui-même, faisant apparaître son double terrifiant. On peut aussi se référer à *L'Île du Docteur Moreau* de H. G. Wells, sur laquelle un médecin essaie de changer des animaux en humains, mais également au roman *Le Docteur Lerne, sous-dieu* de Maurice Renard et plus près de nous, à *Créatures* de John Saul.

Le Docteur Lerne, sous-dieu (1908)
Maurice Renard

Changé en taureau par les expériences du Docteur Lerne, le narrateur raconte ses sensations.

Tant que dura cette accommodation de mon esprit d'homme avec les organes de la bête, je fus réellement assez heureux.
C'est qu'en effet un monde tout neuf venait de se révéler à moi, brusquement, avec le goût des simples que je paissais. De même

que mes yeux et mes oreilles et mon museau envoyaient à ma cervelle des visions, des auditions et des olfactions inédites, ma langue aux papilles étrangères devait me fournir des sensations gustatives fort originales. Les simples dégagent d'innombrables saveurs dont nos palais humains ne se doutent pas. La cuisine du gastronome ne saurait lui donner autant de plaisirs avec douze services que n'en prend le taureau dans un pied de prairie. Je ne pus me retenir de comparer le goût de mon fourrage avec celui de mes anciens aliments. Il y a plus de différence de la luzerne au trèfle que d'une sole frite au cuissot de chevreuil sauce chasseur. Tous les piments assaisonnent les plantes pour une bouche d'herbivore : le bouton d'or est un peu fade, le chardon un peu poivré ; mais rien ne vaut le foin odoriférant et multiple... Les pacages sont des festins constamment servis, où la faim perpétuelle attable, en gourmets, leurs hôtes.

- **Montrez comment le narrateur oppose le taureau à l'homme, en vous appuyant sur les comparaisons et les hyperboles*.**
- **Comparez les sensations du narrateur-taureau à celles du narrateur-loup du *Gâloup*.**

Exercices

Travaux d'analyse

- **Fiche de lecture** : choisissez un livre ayant pour thème la métamorphose et préparez une fiche de lecture que vous présenterez à vos camarades à l'oral :
  - Biographie et bibliographie de l'auteur ;
  - Résumé de l'histoire ;
  - Présentation de la métamorphose ;
  - Analyse psychologique du personnage qui se métamorphose ;
  - Vos sentiments à propos de cette histoire.

- **Analyse d'un film** : après avoir visionné *Hurlements* de Joe Dante, montrez en quoi les humains changés en garous retrouvent des instincts bestiaux (la chasse, la vie en meute...).

Travaux de création

- **Composition française** : les métamorphoses font-elle des hommes des victimes ou des meurtriers ?

La narration fantastique

Le fantastique n'est pas un mouvement littéraire. Nous avons vu qu'il traverse aussi bien le romantisme que le réalisme, le symbolisme que le surréalisme. Les particularités du genre n'en imposent pas moins certaines techniques d'écriture.

L'ancrage dans la réalité

L'écrivain fantastique doit rendre crédible un récit où le surnaturel domine, donc l'insérer dans la réalité. Plusieurs techniques, mises au point dès les débuts du fantastique, permettent d'y parvenir. La première consiste à **présenter l'histoire comme un témoignage irréfutable**. *L'Appel de Cthulhu* de Lovecraft commence par la phrase suivante : « Trouvé dans les papiers du défunt Francis Wayland Thurston, de Boston. » *Escamotage* de Richard Matheson débute par « Pages reproduites d'après un manuscrit trouvé, voici deux semaines, dans un drugstore de Brooklyn. »

Le **recours à la première personne** et à un point de vue personnel est souvent privilégié. Parfois, le narrateur est une personne de confiance qui a assisté à la scène et garantit que le récit n'est pas simple affabulation. L'auteur peut jouer ce rôle. Jan Potocki prétend être tombé par hasard, alors qu'il était officier dans l'armée française en Espagne, sur un manuscrit. Cette précision est d'autant plus utile que le *Manuscrit trouvé à Saragosse* est une suite de récits enchâssés, c'est-à-dire qu'un personnage raconte une histoire dans laquelle un autre personnage décrit ses aventures, et ainsi de suite dans un vaste tourbillon.

L'Étrange Histoire de Peter Schlemihl, aventure d'un homme qui a vendu son ombre au Diable, débute par la phrase suivante : « J'ai connu Peter Schlemihl en 1804 à Berlin. » La suite développe les circonstances précises de cette rencontre.

L'Étrange Histoire de Peter Schlemihl (1813)
Aldebert de Chamisso

J'habitais, en 1813, à la campagne, près de Berlin, et, séparé de Schlemihl par les événements, je l'avais depuis longtemps perdu de vue, lorsqu'un matin brumeux d'automne, ayant dormi tard, j'appris à mon réveil qu'un homme à longue barbe, vêtu d'une vieille Kurtke noire râpée et portant des pantoufles par-dessus ses bottes, s'était informé de moi et avait laissé un paquet à mon adresse.— Ce paquet contenait le manuscrit autographe de L'Étrange Histoire de Peter Schlemihl.

Traduction d'Hippolyte de Chamisso, Livre de Poche.

- **Quelle est l'importance du mot « autographe » ?**
- **Montrez que l'accumulation de détails est censée conférer de l'authenticité.**

Le roman épistolaire* relève du même procédé. L'auteur fait croire qu'il a correspondu avec les personnages ou qu'il a découvert la correspondance cachée d'un parent ou d'un ami. Quelques grandes œuvres fantastiques sont composées de lettres : *L'Homme au sable* d'E. T. A. Hoffmann, *Dracula* d'Abraham Stoker (en partie du moins car ce roman comporte aussi un journal intime).

Du témoin extérieur digne de foi, il est possible de glisser vers la victime du surgissement surnaturel. Sa position sociale (un prêtre, un médecin, etc.), sa réputation contribueront à la crédibilité. À moins que cette dernière ne soit donnée par son état, celui d'une personne au corps dégradé par la souffrance, témoignage que l'aventure a bien été vécue.

La Morte amoureuse (1836)
Théophile Gautier

Vous me demandez, frère, si j'ai aimé ; oui. C'est une histoire singulière et terrible, et, quoique j'aie soixante-dix ans, j'ose à peine remuer la cendre de ce souvenir. Je ne veux rien vous refuser, mais je ne ferais pas à une âme moins éprouvée un pareil récit. Ce sont des événements si étranges que je ne puis croire qu'ils me soient arrivés. J'ai été pendant plus de trois ans le jouet d'une illusion singulière et diabolique. Moi, pauvre prêtre de campagne, j'ai mené en rêve toutes les nuits (Dieu veuille que ce soit un rêve !) une vie de damné, une vie de mondain et de Sardanapale.

in *Contes et Récits fantastiques*, Livre de Poche.

- **Pourquoi Gautier a-t-il choisi de faire raconter l'histoire par un prêtre arrivé au terme de sa vie ?**

Quelques auteurs du XXe siècle ont tenté de renouveler ce schéma hérité des siècles précédents. Une variante intéressante consiste à **choisir comme narrateur le personnage surnaturel** dont il n'est plus possible de douter de l'existence puisque c'est lui qui nous parle. Claude Seignolle a recours à cette méthode dans *Le Gâloup* où le narrateur est un loup-garou*. Richard Matheson donne un autre exemple saisissant :

Journal d'un monstre (1950)
Richard Matheson

X – Aujourd'hui maman m'a appelé monstre. Tu es un monstre elle a dit. J'ai vu la colère dans ses yeux. Je me demande qu'est-ce que c'est qu'un monstre.

Le narrateur est enfermé dans la cave par ses parents. Il tente de s'échapper. On l'enchaîne.

Toute la journée, il y a des murs qui font froid. La chaîne met longtemps à partir. Et j'ai une très mauvaise colère pour papa et maman. Je vais leur faire voir. Je vais faire la même chose que l'autre fois.
D'abord je ferai mon cri et je ferai des rires. Je courrai après les murs. Après je m'accrocherai la tête en bas par toutes mes jambes et je rirai et je coulerai vert de partout et ils seront très malheureux d'avoir été méchants avec moi.
Et puis si ils essaient de me battre encore je leur ferai mal comme j'ai fait à la bête vivante. Je leur ferai très mal.

in *Miasmes de mort*, Richard Matheson
traduction d'Alain Dorémieux, © Casterman, 1978.

Quel effet produit le langage maladroit du narrateur ?

Faut-il en conclure que seul le point de vue personnel permet une approche fantastique ? Certainement pas. D'autres méthodes existent, à commencer par une attention scrupuleuse portée à **des détails insignifiants de la vie quotidienne**. Voici le début d'une autre nouvelle de Richard Matheson qui décrit l'influence maléfique que le caractère coléreux d'un homme exerce sur les objets, qui finissent par le tuer.

La Maison enragée (1952)
Richard Matheson

Il s'assied à son bureau. Il prend un long crayon jaune et se met à écrire sur un bloc. La mine se casse.
Les extrémités de ses lèvres s'abaissent. La pupille de ses yeux se contracte au milieu du masque aux traits durs qu'est son visage. Calmement, la bouche fermée en une ligne mince pareille à une vilaine balafre, il saisit le taille-crayon.
Après avoir aiguisé la mine, il remet le taille-crayon dans le tiroir. La pointe se brise à nouveau et le morceau de mine roule sur le bloc.

in *Miasmes de mort*, Richard Matheson,
traduction d'Alain Dorémieux, © Casterman, 1978.

▸ Analysez le contraste entre la banalité des faits et la force du vocabulaire.

L'altération

Le fantastique, nous l'avons vu, propose un monde de transgressions* : **transgressions des lois naturelles, sociales et religieuses.** Le basculement du réel vers l'inquiétant en devient un moment privilégié.

Le K (1966)
Dino Buzzati

Parti pour la première fois en mer avec son père, capitaine au long cours, Stephano est le seul à apercevoir, derrière le bateau, « une chose noire qui se montre de temps en temps dans le sillage. » Son père en pâlit.

— Ce que tu vois émerger de l'eau et qui nous suit, n'est pas une chose, mais bel et bien un K. C'est un monstre que craignent tous les navigateurs de toutes les mers du monde. C'est un squale effrayant et mystérieux, plus astucieux que l'homme. Pour des raisons que personne ne connaîtra peut-être jamais, il choisit sa victime et une fois qu'il l'a choisie, il la suit pendant des années et des années, toute la vie s'il le faut, jusqu'au moment où il réussit à la dévorer. Et le plus étrange c'est que personne n'a jamais pu l'apercevoir si ce n'est la future victime ou quelqu'un de sa famille.

Traduction de Jacqueline Remilet, Éditions Robert Laffont.

▸ Relevez les adjectifs utilisés par Buzzati. Quel est leur sens et leur rôle ?

▸ Pourquoi est-il important que personne d'autre ne puisse voir *le K* ?

De nombreux procédés peuvent favoriser le basculement. **Le jeu sur le temps** en est un. Dans sa nouvelle *Ce qui se passa sur le pont d'Owl Creek,* Ambrose Bierce montre Peyton Farquhar condamné à mort pour avoir tenté d'incendier, pendant la guerre de Sécession, un pont tenu par l'armée nordiste. On va le pendre, en le précipitant du haut du pont, lorsque la corde casse. Il tombe à la rivière, parvient à éviter les balles et les tirs de canon, entre dans une profonde forêt, marche une journée et une nuit, rejoint sa femme. « À l'instant même où il va l'étreindre, il sent sur sa nuque un coup qui l'étourdit ; une blanche lumière aveuglante flamboie tout autour de lui avec un bruit semblable au tonnerre du canon, puis tout est ténèbres et silence ! Peyton Farquhar était mort ; son corps, le cou rompu, se balançait doucement, de-ci de-là, sous les charpentes du pont d'Owl Creek. » Tout le fantastique tient dans le temps de la pendaison.

La Maison des hommes vivants (1911)
Claude Farrère

Il faut d'abord qu'on le sache : je ne suis pas fou. Je suis irréprochablement sain d'esprit, et même de corps, puisque je ne suis malade d'aucune maladie ; — vieux seulement, vieux au-delà de toutes les vieillesses humaines. J'ai — combien ? — quatre-vingts ? cents ? cent vingt ans ? Je ne sais pas au juste. Il n'existe rien qui puisse fixer mon sentiment là-dessus : ni preuves écrites, — actes d'état civil ou autres, — ni souvenirs, ni témoignages d'aucune sorte. Même, je ne puis pas apprécier mon âge d'après mes sensations de vieillard. Car je ne suis vieux que depuis trop peu de jours. Je n'ai pas eu le temps de m'habituer à ce changement soudain. Et toute comparaison m'est impossible entre ma vieillesse séculaire et d'autres vieillesses moins caduques, — que je n'ai point connues antérieurement. — C'est tout d'un coup que je suis devenu ce que je suis…

Librio.

◗ Montrer que le caractère fantastique de ce texte tient au jeu sur le temps.

La fin du roman de Claude Farrère révélera que c'est une expérience malheureuse menée par une sorte de savant fou qui a précipité brutalement le personnage dans la vieillesse.

L'ellipse* est un autre procédé intéressant. Un excellent exemple en est donné par le film de Night Shyamalan *Le Sixième Sens*. Au début, le personnage principal, psychologue pour enfants, reçoit la visite d'un ancien patient qu'il n'a pas su guérir et qui veut se venger. Le metteur en scène nous entraîne ensuite « à l'automne suivant ». Le spectateur ne comprendra qu'à la fin du film (qu'il est recommandé de ne pas révéler à ses amis, tant elle est surprenante et déterminante) que le fantastique a surgi pendant cette coupure.

La nouvelle fantastique se prête aussi au **basculement final, ce que l'on appelle la chute** et qui surprend le lecteur tout en donnant son sens à l'ensemble de l'histoire. Dans *Appel longue distance* de Richard Matheson, miss Elva reçoit des appels anonymes inquiétants. Quand elle porte plainte, on lui explique que ces appels sont impossibles : une tempête a coupé sa ligne de téléphone, « là-bas », quelque part, en pleine campagne. Pourtant, l'homme appelle à nouveau. Les services du téléphone sont contactés en urgence par miss Elva : « — Il *faut bien* qu'il y ait un moyen de communiquer avec moi ! — Miss Elva, il n'y a personne là-bas. — Où cela, là-bas ? [...] — Miss Elva, c'est le cimetière. » Le dernier appel n'en est que plus inquiétant : « Allô, Miss Elva. J'arrive tout de suite. » Une fin qui nous amène au troisième temps du fantastique.

La peur

La terreur saisit le personnage mais doit aussi impliquer le lecteur. D'où l'importance dans la narration fantastique de la **description des sensations et sentiments du personnage.** L'identification doit être possible. Alain Delbe l'obtient avant même de déclencher le thème majeur de son roman, le surgissement, en face d'une ville, d'une île où se dresse une cité en tous points identique, habitants compris. Pour cela, il a recours aux terreurs enfantines que tous les lecteurs ont partagées.

Les Îles jumelles (1994)
Alain Delbe

Mon enfance fut douce, faite de jeux, et baignée des tendresses de mes parents dont j'étais le seul enfant. Ce temps aurait pu m'être un souvenir d'insouciance, tel un jardin où l'on s'étend pour oublier les peines. Mais il fut lui-même troublé par les peurs dans lesquelles me plongeait mon imagination trop vive. Des peurs que je n'ai jamais osé confier à personne, je ne sais pourquoi. Dans l'obscurité de ma chambre, je pensais voir surgir à chaque instant des monstres avides de me dévorer. Et je passais mes nuits, tremblant sous mes draps, tressaillant au moindre craquement, craignant de sentir soudain mes couvertures arrachées par une griffe furieuse tandis qu'éclateraient autour de moi mille rires et hurlements haineux. Je m'imaginais entouré de créatures difformes, ailées et cornues, aux dents aiguës, semblables aux diables que j'avais observés sur les voûtes de la basilique. Là, accrochés à leur or, ils semblaient prêts à fondre sur moi, surtout lorsque les fidèles, à certains temps de l'office, baissaient la tête en s'agenouillant. Ils pouvaient alors m'emporter sans que quiconque s'en aperçût.
Bien sûr, je devais admettre qu'il n'en était rien et la seule explication que je voyais à leur clémence était que pour me prendre ils auraient dû renoncer au lit d'or dans lequel ils reposaient. Peut-être croyaient-ils que, alourdis de m'avoir dévoré, ne pouvant regagner leur place qu'à grand-peine, d'autres diables en profiteraient pour la leur voler ? Ou qu'un ange saisirait là

l'occasion de les terrasser ? Et je me lançais dans d'interminables raisonnements dont aucun ne m'empêchait de redouter qu'un jour ces démons ne prennent le risque de venir me chercher... »

Alain Delbe, *Les Îles jumelles*, © Éditions Phébus, Paris, 1994.

- **Étudiez l'emploi des temps.**
- **Étudiez le champ lexical de la peur, de la violence et de l'opposition du bien et du mal.**
- **Comment passe-t-on du merveilleux religieux au fantastique ?**

Dans la première moitié du XIXe siècle, les auteurs prenaient généralement soin d'établir la bonne santé mentale de leurs personnages. Le narrateur de *La Cafetière* de Théophile Gautier dit : « Oh ! non, je n'ose pas dire ce qui arriva, personne ne me croirait, et l'on me prendrait pour un fou. » Vers la fin du XIXe siècle, le doute sur l'équilibre du personnage devient le centre même du récit. Le recours à la première personne n'est plus destiné à rendre crédible l'histoire mais à livrer **deux interprétations possibles**. L'exemple type est *Le Horla*. Le narrateur, qui écrit son journal intime, se croit persécuté par un fantôme qu'il appelle « le Horla ». Ce fantôme existe-t-il ou est-il le fruit d'une démence ?

Le Horla (1887)
Guy de Maupassant

6 août. — Cette fois, je ne suis pas fou. J'ai vu... j'ai vu... j'ai vu !... Je ne puis plus douter... j'ai vu !... J'ai encore froid jusque dans les ongles... j'ai encore peur jusque dans les moelles... j'ai vu !...

Je me promenais à deux heures, en plein soleil, dans mon parterre de rosiers... dans l'allée des rosiers d'automne qui commencent à fleurir.

Comme je m'arrêtais à regarder un géant des batailles[1]*, qui portait trois fleurs magnifiques, je vis, je vis distinctement, tout près de moi, la tige d'une de ces roses se plier, comme si une main invisible*

1. Nom d'un rosier.

l'eût tordue, puis se casser, comme si cette main l'eût cueillie ! Puis la fleur s'éleva, suivant la courbe qu'aurait décrite un bras en le portant vers une bouche, et elle resta suspendue dans l'air transparent, toute seule, immobile, effrayante tache rouge à trois pas de mes yeux.
Éperdu, je me jetai sur elle pour la saisir ! Je ne trouvai rien ; elle avait disparu.

Que traduisent la répétition de « j'ai vu », « je vis » et la répétition des points de suspension ?

Quelques années plus tard, dans *Le Tour d'écrou*, Henry James a recours à la même technique. Jeune institutrice, la narratrice est devenue la préceptrice de riches orphelins de 10 et 8 ans, Miles et Flora. À peine est-elle installée au château qu'elle aperçoit deux spectres, l'ancien valet de chambre, Peter Quint et sa maîtresse, miss Jessel. Mrs Grose, la femme de charge, ne voit rien mais la narratrice est persuadée que les enfants sont prêts à suivre ces fantômes qu'elle estime dangereux.

La peur face à un phénomène surnaturel se double alors d'une peur pour sa propre santé mentale.

Exercices

Travaux d'analyse

Lecture expliquée : *L'Autre Mort* de Borges (1949)

En 1946, le narrateur apprend la mort de Pedro Damián. Ce jeune paysan naïf avait participé, en 1904, à la bataille de Masoller. Désireux d'écrire une nouvelle sur ce sujet, le narrateur, qui s'était pris de sympathie pour Damián, interroge le vieux colonel Dionisio Tabares qui lui apprend que dans la bataille Pedro Damián s'était conduit comme un lâche. Quelques mois plus tard, un autre témoin, Juan Francisco

Amaro, explique au narrateur que Damián est mort en héros à Masoller, à vingt ans.
- Quelle focalisation* est utilisée ? Ce texte pourrait-il être écrit à la troisième personne ?
- Quel rôle jouent les nombreux noms propres ?
- Quelle est l'originalité de ce texte ?

Travaux de création

▶ **Rédaction d'une nouvelle** : en s'inspirant de Maupassant et d'Henry James mais en proposant un cadre contemporain, rédiger une nouvelle reposant sur une ambiguïté : soit le personnage est fou, soit il est en présence d'un phénomène surnaturel.

Les thèmes traditionnels

Depuis la fin du XVIIIe siècle, les auteurs se livrent à des **variations sur les mêmes thèmes : le diable, les fantômes, les morts-vivants, en particulier les vampires, les cauchemars, les doubles, la montée de la folie, les métamorphoses, les monstres**... Ces thèmes se sont un peu renouvelés dans la seconde moitié du XXe siècle, le psychopathe prenant, par exemple, la place du possédé, mais ils n'ont pas disparu et l'on peut s'interroger sur cette survivance alors que certains, dont Maupassant, avaient prédit la mort du fantastique.

L'explication est inscrite au cœur même du genre. Il est né lorsque le rationalisme s'est développé et renaît à l'approche du troisième millénaire, dans un monde qui s'inquiète des progrès de la science et connaît un déclin des grandes religions, concurrencées par l'athéisme et par des sectes qui récupèrent l'aspiration à l'irrationnel. Son rôle premier est de confronter l'homme aux grandes questions métaphysiques et aux limites dont il voudrait s'affranchir.

Je ne veux pas mourir

Parce que l'homme a du mal à se résigner à disparaître, le fantastique multiplie les **variations sur l'immortalité ou la survie**. Les fantômes, les morts-vivants, les zombies*, les vampires font peur ; ils sont finalement moins inquiétants que la mort qu'ils mettent en échec. Les auteurs ne s'y trompent pas. Certains usent de l'émotion comme Villiers de l'Isle-Adam, dont la nouvelle *Véra* débute par cette phrase : « L'Amour est plus fort que la Mort, a dit Salomon : oui, son mystérieux pouvoir est illimité. »

Véra (1874)
Villiers de l'Isle-Adam

Ne pouvant admettre la mort de sa femme, le comte d'Athol, se comporte, pendant un an, comme si elle était encore vivante.

Le comte avait creusé dans l'air la forme de son amour, et il fallait bien que ce vide fût comblé par le seul être qui lui était homogène, autrement l'Univers aurait croulé. L'impression passa, en ce moment, définitive, simple, absolue, qu'Elle devait être là, dans la chambre ! Il en était aussi tranquillement certain que de sa propre Existence, et toutes les choses, autour de lui, étaient saturées de cette conviction. [...] Un frais éclat de rire musical éclaira de sa joie le lit nuptial ; le comte se retourna. Et là, devant ses yeux, faite de volonté et de souvenir, accoudée, fluide, sur l'oreiller de dentelles, sa main soutenant ses lourds cheveux noirs, sa bouche délicieusement entrouverte en un sourire tout emparadisé de voluptés, belle à en mourir, enfin ! la comtesse Véra le regardait un peu endormie encore.
— Roger !... dit-elle d'une voix lointaine.

in *Contes cruels*, GF-Flammarion.

- **Expliquez la première phrase.**
- **Étudiez le lyrisme de ce passage.**

L'émotion peut être remplacée par l'humour. Le désir forcené d'éliminer la mort sera le même.

La Maladie des entêtés (1976)
Robert Bloch

Le lendemain de sa mort, Grandpa est descendu prendre son petit déjeuner.
Pour une surprise, c'était une surprise.
Man a regardé Pa, Pa a regardé Susie, ma petite sœur, et Susie m'a regardé moi. Et on est tous restés là à regarder Grandpa.

« Qu'est-ce qu'il y a ? » il a dit comme ça. « Qu'est-ce que vous avez à me regarder avec ces yeux ronds ? »
Personne n'a répondu, et je savais bien pourquoi. Pas plus tard que la veille, on était tous près de son lit quand il a eu son attaque et qu'il a cassé sa pipe, là, sous nos yeux. Et voilà qu'il était là, habillé et aussi gaillard que d'habitude.
« Qu'est-ce qu'il y a à manger ? » il a demandé.

in *La Boîte à maléfices*, Robert Bloch,
traduction de Jacques Chambon, © Casterman,19-81.

Étudiez tous les procédés (circonstances, style, niveau de langue, ton...) destinés à désamorcer la peur de la mort.

Je ne suis pas un monstre

Des guerres napoléoniennes qui voient s'installer le fantastique à la purification ethnique yougoslave ou rwandaise, en passant par le sommet de l'horreur, la shoah, l'homme se pose la question de l'existence en lui du mal. Mettre en scène des êtres dotés de pouvoirs maléfiques — diables, dieux, sorciers, psychopathes — est **une façon d'extérioriser et d'identifier ce mal.**

L'Échiquier du Mal (1989)
Dan Simmons

L'action se passe dans le camp d'extermination de Chelmno, en 1942. En pleine nuit un « Oberst » (colonel) S.S. entre, avec quatre autres soldats, dans le baraquement où se trouve le narrateur, le déporté juif Saul Laski, et ordonne qu'il les suive.

Saul serra les dents et ferma les yeux. Il les mordrait lorsqu'ils viendraient le prendre, s'attaquerait à leur gorge, déchirerait veines et cartilage jusqu'à ce qu'ils soient obligés de l'abattre, ils seraient bien obligés de tirer, ils seraient bien forcés de...
« Komm ! » L'Oberst se tapota le genou. Les lèvres de Saul se retroussèrent. Il allait bondir sur ces salopards, déchirer la gorge de ce fumier sous les yeux des autres, lui arracher tripes et boyaux...

« Komm ! » Saul sentit quelque chose. Quelque chose le frappa. Aucun des Allemands n'avait bougé, ne fût-ce que d'un pouce, mais quelque chose frappa Saul au creux des reins. Il hurla. Quelque chose le frappa, puis le pénétra.

Saul ressentit cette intrusion aussi violemment que si on lui avait enfoncé une tige d'acier dans l'anus. Et pourtant, rien ne l'avait touché. Personne ne s'était approché de lui. Saul hurla de nouveau, puis ses mâchoires se refermèrent sous l'effet d'une force invisible.

« Komm her, Du Jude ! »

Saul le sentit. Quelque chose était en lui, le forçait à redresser le dos, secouait ses membres de spasmes violents. En lui. Il sentit cette chose se refermer sur son cerveau comme un étau, serrer et serrer encore. Il essaya de hurler, mais cela lui fut interdit. Il entra en convulsions sur la paille, ayant perdu la maîtrise de ses nerfs, et urina dans ses pantalons. Puis il s'arc-bouta violemment et son corps tomba sur le sol. Les deux gardes reculèrent d'un pas.

« Aufstehen ! » Le dos de Saul s'arqua une nouvelle fois, si violemment qu'il se retrouva à genoux. Ses bras tressaillaient et s'agitaient tout seuls. Il sentait quelque chose dans son esprit, une présence froide drapée dans une étincelante aura de douleur. Des images dansaient devant ses yeux.

Saul se releva.

« Geh ! » Bruit du rire gras émis par un S.S., odeur de la laine et de l'acier, échardes froides qui raclaient ses pieds. Saul s'avança en titubant vers la porte ouverte et vers l'étendue blanche, aveuglante, du dehors.

Traduction de Jean-Daniel Brèque,

- **Les phrases en allemand ne sont pas traduites. Pourquoi ?**
- **Dans ce texte, qu'est-ce qui relève du monologue intérieur ? Quel est l'effet souhaité par l'auteur ?**
- **Les nazis voulaient dégrader leurs victimes, nier leur humanité. Comment Dan Simmons le montre-t-il ?**

Si les nazis sont des vampires psychiques, si un pacte avec le diable ou une folie peuvent expliquer des comportements inhumains, l'homme véritable et sain d'esprit en devient moins coupable.

Notons que le thème du mal apparaît sous une autre forme qui satisfait le désir de bien des gens honnêtes : voir les criminels démasqués et châtiés.

La Dame de pique (1834)
Pouchkine

Hermann a tué une vieille comtesse pour lui arracher le secret des trois cartes capables d'assurer la fortune.

Les autres joueurs ne posèrent pas leur carte, attendant avec impatience la réaction d'Hermann. Il se tenait debout près de la table, se préparant à miser seul contre Tchekalinski qui était blême mais continuait à sourire. Chacun ouvrit un paquet de cartes. Tchekalinski, le banquier, battit le jeu. Hermann sortit une carte et la posa, cachée, sous un tas de billets de banque. Cela ressemblait à un duel. Un profond silence régnait alentour.
Tchekalinski commença à donner, les mains tremblantes. Une dame fut posée à droite, un as à gauche.
— L'as a gagné, dit Hermann, découvrant sa carte.
— Votre dame est morte, dit, d'un ton mielleux, Tchekalinski.
Hermann sursauta : en effet, à la place de l'as, il avait devant lui la dame de pique. Il n'en croyait pas ses yeux, ne comprenait pas comment il avait pu se tromper ainsi.
À ce moment là, il lui sembla que la dame de pique lui faisait un clin d'œil, avec un sourire moqueur. Il fut frappé par l'étrange ressemblance…
— La vieille ! s'écria-t-il épouvanté.

Traduction de Rózsa Tatár.

Montrez que le châtiment intervient dans le seul cadre et de la seule manière possible pour lui donner toute sa force.

Je suis chair et esprit

L'homme détermine difficilement ce qui, en lui, relève de la matière et ce qui relève de l'esprit. Le débat entre l'inné et l'acquis, ce que l'homme doit à sa nature et ce qu'il doit à l'éducation, est très ancien. Les découvertes du XXe siècle, la psychanalyse d'un côté, qui fait remonter les psychoses à des incidents de la vie affective, les recherches génétiques d'un autre côté, qui attribuent certaines maladies mentales à des déformations chromosomiques, relancent la discussion. Manipulations génétiques et univers virtuels renforcent aussi le besoin de surnaturel. **L'homme se sent limité dans ses capacités** et craint que la science ne fasse de lui un apprenti sorcier comme le docteur Frankenstein qui rivalise avec Dieu en donnant la vie à un monstre. Le fantastique peut aussi rassurer l'homme en dotant ses personnages de dons hors du commun mais souvent naturels (la télépathie, la voyance ou ces mutations chères à la science-fiction, en particulier à Philip K. Dick), en explorant les cauchemars, les rêves qui se matérialisent, les métamorphoses (par exemple le thème du loup-garou*), les dédoublements, la folie, diverses façons de poser le problème de la matière et de l'indépendance de la personnalité. Maldoror affirme : « Il n'est pas impossible d'être témoin d'une déviation anormale dans le fonctionnement latent ou visible des lois de la nature. » Et Lautréamont nous fait assister à ces déviations, rejoignant en cela les premiers grands auteurs du fantastique, à commencer par Hoffmann.

La Maison déserte (1817)
E. T. A. Hoffmann

À la fenêtre d'une maison en ruines dont les seuls habitants sont une vieille baronne atteinte de folie et son inquiétant intendant, le narrateur, Théodore, a aperçu « une main de femme éclatante de blancheur et merveilleusement faite ». Il pense qu'il s'agit d'une jeune fille

séquestrée et commence à la voir en rêve. Il est abordé, devant la maison, par un colporteur.

« J'ai encore ici de bien jolies choses ! » dit-il en ouvrant le tiroir inférieur de sa boîte. Et il prit parmi d'autres objets de verre un petit miroir de poche rond qu'il tendit de côté et à une certaine distance, de telle sorte que j'aperçus derrière moi la maison déserte, la croisée et l'angélique figure de ma vision dont les traits étaient nets et distincts. Je m'empressai d'acheter le miroir, au moyen duquel je pouvais tout à mon aise observer la maison sans attirer l'attention des voisins.
Mais, à contempler ce visage, une sensation singulière et indéfinissable, que je ne saurais mieux comparer qu'à un rêve éveillé, s'empara de moi. Il me semblait qu'une sorte de catalepsie eût paralysé non pas mes mouvements, mais ma faculté visuelle, de telle sorte qu'il me serait impossible de jamais plus détourner les yeux du miroir.

in *Contes fantastiques*, traduction d'Albert Béguin, Marabout.

- **Expliquez « catalepsie ». Quelles autres expressions vont dans le même sens ?**
- **Un siècle après ce texte apparaît la psychanalyse. Quel rôle attribue-t-elle aux songes ?**

Le problème peut être posé à l'envers, en dotant la matière d'une personnalité. C'est le thème du *Golem* de Gustav Meyrink, créature d'argile animée par une phrase magique, un thème issu de la kabbale*. Déjà, *Le Château d'Otrante* d'Horace Walpole faisait apparaître non pas un véritable fantôme mais des morceaux d'une statue géante. Dans *L'Homme au sable* de Hoffmann le personnage principal féminin est un automate. Dès 1908, Maurice Renard franchit une étape supplémentaire avec *Le Docteur Lerne.* Ce savant fou greffe son cerveau sur une automobile. Le thème sera repris, en partie, par Stephen King (*Christine*). On peut aussi aboutir, à la limite de la science-fiction, à une nouvelle de Robert Sheckley et Harlan Ellison :

Je vois un homme dans un fauteuil et le fauteuil lui mord la jambe (1984)
Robert Sheckley et Harlan Ellison

Après une guerre nucléaire, les hommes n'ont plus pour se nourrir qu'un plancton mutant. Ceux qui le pêchent dans des champs de vase s'exposent à d'étranges maladies. C'est ainsi que Joe Pareti est pourchassé par la vase, tombée amoureuse de lui et qui prend la forme des objets qui l'entourent.

Un journal voltigea à travers la rue et vint se coller autour de sa cheville. Pareti donna un coup de pied pour s'en débarrasser. Le papier resta fixé et il l'entendit murmurer : « S'il vous plaît, oh ! s'il vous plaît ! Ne me repoussez pas.
— Fous-moi le camp ! » murmura Pareti. Il était terrifié, tout d'un coup ; il vit le journal se froisser pour tenter de lui défaire ses chaussures.
« Je voudrais t'embrasser les pieds, supplia le journal. Est-ce si affreux ? Est-ce mal ? Suis-je si laide ?
— Lâche-moi ! » rugit Pareti en tirant sur le papier qui avait assumé l'apparence d'une paire de géantes lèvres blanches.

in *Histoires de mirages*, traduction de Bruno Martin, Livre de Poche.

Quelle interprétation psychanalytique peut-on donner de cet extrait ?

Je brise mes chaînes

Né à l'époque du « Sturm und Drang* », épanoui en même temps que le romantisme, mouvement littéraire qui fait éclater les règles et pesanteurs du classicisme, le fantastique s'est situé très vite **en opposition avec d'autres normes, celles du corps social et celles de la morale**. Pour vivre en société, l'homme est contraint d'accepter les lois fixées par cette dernière, une soumission parfois pesante et que le fantastique dénonce. Ainsi, qui n'a pas souffert sur les bancs de l'école ? Dan Simmons imagine qu'après un cataclysme qui a frappé toute la planète, des hordes de morts-vivants s'attaquent aux rescapés pour les dévorer. Une vieille institutrice fait de la résistance à sa façon, en continuant à prodiguer son enseignement pour des élèves devenus des zombies* avides de chair humaine.

Photo de classe (1995)
Dan Simmons

« Un », dit-elle, en désignant le chiffre tracé à la craie. Elle leva l'index. « Répétez après moi : Un »
Todd mâchonnait le nouveau rembourrage de son collier. Kirsten était effondrée sur son pupitre. La petite Samantha déchirait ses vêtements. Justin, encore dodu dix mois après sa mort, avait refermé ses gencives sur le dossier du siège placé devant lui. Megan tirait sur ses chaînes. Michael s'était retourné pour fixer le fond de la salle.
« Un, répéta Ms Geiss, pointant toujours sa règle vers le tableau noir. Si vous n'arrivez pas à le dire, levez une main. Une main. »

in *Le Conseiller*, traduction de Jean-Daniel Brèque, Librio.

Lisez la fin de la nouvelle. En retire-t-on l'impression que l'école est une prison ?

Le carcan social n'est pas le seul à briser. Littérature de la transgression*, le fantastique aborde souvent, sous le masque du surnaturel, le domaine de la sexualité. On a dit que le thème du vampire était une métaphore de l'acte amoureux vu par des hommes cherchant à dominer les femmes, une version sanglante du mythe de Don Juan. Il est vrai que les vampires sont souvent masculins et cherchent pour victimes de jeunes vierges dont ils sucent le sang. Mais pas toujours. *Entretien avec un vampire*, d'Anne Rice — dont Neil Jordan a tiré un film — propose une version homosexuelle. Un siècle plus tôt, Sheridan Le Fanu avait déjà fait tomber ce tabou sexuel.

Carmilla (1871)

Sheridan Le Fanu

Le père de Laure, la narratrice, accepte de recueillir Carmilla, une jeune fille victime d'un accident de carrosse près de leur demeure. Il ignore que Carmilla est une vampire.

Parfois, après une heure d'apathie, mon étrange et belle compagne prenait ma main et la serrait, en une suite de pressions répétées. Puis, une rougeur légère aux joues, elle me dévisageait d'un regard perçant, et son souffle précipité agitait son corsage tant il se faisait tumultueux. C'était comme l'ardeur d'un amant et j'en étais gênée ; et j'avais beau haïr cet excès, je m'y abandonnais. Avec des yeux brillants et avides, elle me serrait contre elle, sa bouche brûlante ravageait de baisers mon visage. Et en un murmure entrecoupé, elle me disait : « Tu es à moi, tu seras à moi, et nous serons unies à jamais. » Puis elle se rejetait en arrière sur sa chaise-longue, voilant ses yeux de ses petites mains, et me laissait toute frémissante.

Traduction d'Alain Dorémieux, Éditions Denoël, « Présence du Futur ».

- **Montrez que deux lectures de ce texte sont possibles : la lecture amoureuse et la lecture mortifère.**

Exercices

Travaux d'analyse

- **Synthèse** : à partir des œuvres suivantes, *L'Ensorcelée* de Barbey d'Aurevilly, *Shining* de Stephen King, *L'Invention de Morel* d'Adolfo Bioy Casares, *Malpertuis* de Jean Ray, *Le Cas étrange du Docteur Jekyll et de Mister Hyde* de Robert Louis Stevenson, *L'Île du Docteur Moreau* de H. G. Wells, *Le Portrait de Dorian Gray* d'Oscar Wilde, dressez un tableau qui identifiera, dans sa première colonne, les grands thèmes du fantastique (fantômes, morts-vivants, satanisme, doubles...) et présentera, dans les deuxième et troisième colonnes, le problème métaphysique et la situation historique qui ont pu influencer l'auteur.

Travaux de création

- **Recherche** : choisissez un fait divers célèbre (les crimes de Landru, Jack l'Éventreur…) ou un fait d'actualité (une guerre, un désastre écologique…) et imaginez des causes fantastiques en tentant de vous confronter à l'un des thèmes évoqués dans ce chapitre : la mort, le mal, la matière, le carcan social.
- **Modification** : réécrivez le texte de Dan Simmons, *Photo de classe*, en remplaçant tout ce qui montre que les élèves sont des mort-vivants* par des détails plus ordinaires. Quel est l'effet produit ?

Variations sur le vampire : entrez donc mon saigneur !

Le fantastique, contrairement à ce que pensait Maupassant, est parvenu à traverser les siècles, modifiant son approche des différents thèmes, faisant évoluer son style pour mieux coller à son époque. Le thème du vampire en est un parfait exemple. Le mot « vampire » apparaît en France en 1732, mais a eu pendant longtemps une orthographe incertaine : « vampyr », « vampyre » ou « wampire ». Il semble provenir de l'allemand « vampir », lui-même emprunté au serbe. On trouve différents termes voisins en russe ou en polonais : « oupir » et « upir ». Dans certains textes, le mot « lamie* » est employé pour désigner une femme vampire, notamment chez Clark Ashton Smith dans sa nouvelle *Morthylla*, mais aussi celui de « nosferatu » qui est un mot issu du roumain « necurat ».

La source sanglante

La première apparition du vampire dans la littérature est bien anglaise, mais n'est pas comme tout le monde le pense l'œuvre de Bram Stoker. En fait, des années avant lui, le célèbre Lord Byron écrivit une ébauche de roman ayant pour héros un vampire. L'anecdote est passionnante, elle a d'ailleurs donné lieu au film *Gothic*. En 1816, Byron et Polidori viennent en Suisse chez Percy et Mary Shelley. Lors d'une période de mauvais temps, ils décident de lire des histoires fantastiques allemandes, ce qui un jour amène Byron à avoir cette phrase non sans conséquences sur la littérature fantastique : « Nous devrions chacun écrire une histoire fantastique (*a ghost story*). » Mary Shelley écrivit son célèbre *Frankenstein*, son mari s'en désintéressa rapidement, Polidori se fendit d'une histoire de femme à tête de mort et Lord Byron écrivit quelques fragments d'un roman de vampire. Ce premier texte fut par la suite repris et continué par John Polidori, qui le publia en 1819, sous le titre *The Vampyre* (le Vampire). Le mythe était lancé.

De l'étoffe dont nos ténèbres sont faites
Léa Silhol

Aux racines il y a la source de cette sève qui nourrit l'arbre tout entier. Et cette sève est rouge, et c'est le sang des hommes. Certains pourraient nous dire qu'il existe en mythologie comme en littérature de ces voleurs de vie, appâtés par d'autres fluides ou, plus simplement, par l'énergie vitale elle-même... À cela on choisit ou non de s'accorder, mais il nous semble que sans le rouge, point de noir. Que si le prototype vampirique a d'abord été une créature mythologique, c'est qu'il portait cette tache, celle de l'assassin et de l'impur, la tache rouge du traître à sa race. Ce sang versé, celui qui est destiné à ne jamais toucher terre, se retrouve des lamies et des striges* grecques aux langsuits* malaises. Et nous sommes dans le royaume du mythe, où il n'y a pas d'innocence. L'universalité de ce thème du buveur de sang, qui se retrouve sur les cinq continents, fait appel en nous à cette métaphore primitive du sang comme récipient de la vie et véhicule de l'âme. Cette dernière croyance, accréditée par la Bible elle-même, rendrait l'attaque du monstre plus terrible encore, puisqu'il ne se contenterait plus de mettre fin à la vie, mais dissoudrait en lui l'essence même de sa victime. La question qui se pose à ce stade est de savoir pourquoi, alors que le proto-vampire mythologique se retrouve dans toutes les civilisations du monde, c'est en Occident qu'il fait une telle carrière. N'est-ce pas, il faut le reconnaître, en Occident qu'ont fleuri les religions du Livre dont la plus répandue, le christianisme, prône par l'Eucharistie le partage du sang humain (quoique divin) entre les fidèles ?*

Et l'accession par ce sacrement à la vie éternelle ? À la source, donc, le sang, car enlever le sang au mythe du vampire reviendrait à le priver d'un sens capital. Mais, au-delà, pour qu'il y ait vampire, il faut qu'il y ait la mort.

in *Vampire : Portraits d'une Ombre*, Léa Silhol ed.,
© Éditions de l'Oxymore, 1999.

- **Quel portrait Léa Silhol fait-elle du vampire ?**
- **Commentez le rapprochement entre l'Eucharistie et le vampire buveur de sang.**

L'année suivante, en France, Charles Nodier qui avait traduit Polidori, l'adapta au théâtre, avant d'en écrire une suite : *Lord Ruthwen*. La machine était lancée des deux côtés de la Manche. Deux ans plus tard, il fait paraître un recueil de contes vampiriques, *Infernalia*, qui va faire le bonheur des amateurs d'horreur romantique de l'époque. Puis, c'est Hoffmann qui fait parler de lui, en Allemagne, avec son beau conte, *Le Vampire* (1828), rejoint en peu de temps en Russie par *Vij* de Gogol (1835) et en France par Théophile Gautier et son fameux conte *La Morte amoureuse* (1836). Ce dernier récit est d'ailleurs l'un des plus beaux contes d'amour et de mort, que l'on peut classer aux côtés du fameux *Ligea* (1838) de Poe, lui aussi étonnante histoire de vampire, de mort et d'amour. Ainsi, le thème fait son chemin, explorant de nouveaux horizons. Chaque écrivain de renom y va de son histoire horrifiante de vampire : le russe Tolstoï met un voyageur aux prises avec une famille de vampires dans *La Famille du Vourdalak* (1847). Alexandre Dumas l'incorpore dans *Les Mille et Un Fantômes* (1849). Baudelaire expose une sensuelle vision des rapports entre le vampire et sa victime dans *La Métamorphose du vampire* (1857). Tourgéniev nous en livre une image féminine onirique dans *Apparitions* (1863). Lautréamont dans les magnifiques et terrifiants *Chants de Maldoror* (1868) fait un portrait déliquescent et Mérimée dans *Lokis* (1869) donne une image des plus romantiques. La caractéristique première du vampire, créature non morte pour les Anglo-Saxons (*undead*), mort-vivant pour les francophones, est **son attirance pour le sang**, qu'il doit consommer en grande quantité afin de conserver son existence en suspens entre la vie et la mort. Il se nourrit donc directement sur ses victimes, les transformant parfois en vampire elles-mêmes, les laissant le plus souvent pour mortes.

La Morte amoureuse (1836)
Théophile Gautier

Romuald, jeune prêtre, est séduit par Clarimonde, une courtisane décédée qui l'entraîne dans des nuits de débauche. Il vit donc une double vie : prêtre le jour, courtisan la nuit.

Un matin, j'étais assis auprès de son lit, et je déjeunais sur une petite table pour ne pas la quitter d'une minute. En coupant un fruit, je me fis par hasard au doigt une entaille assez profonde. Le sang partit aussitôt en filets pourpres, et quelques gouttes rejaillirent sur Clarimonde. Ses yeux s'éclairèrent, sa physionomie prit une expression de joie féroce et sauvage que je ne lui avais jamais vue. Elle sauta à bas du lit avec une agilité animale, une agilité de singe ou de chat, et se précipita sur ma blessure qu'elle se mit à sucer avec un air d'indicible volupté. Elle avalait le sang par petites gorgées, lentement et précieusement, comme un gourmet qui savoure un vin de Xérès ou de Syracuse ; elle clignait les yeux à demi, et la pupille de ses prunelles vertes était devenue oblongue au lieu de ronde. De temps à autre, elle s'interrompait pour me baiser la main, puis elle recommençait à presser de ses lèvres les lèvres de la plaie pour en faire sortir encore quelques gouttes rouges. Quand elle vit que le sang ne venait plus, elle se releva l'œil humide et brillant, plus rose qu'une aurore de mai, la figure pleine, la main tiède et moite, enfin plus belle que jamais et dans un état parfait de santé.
« Je ne mourrai pas ! je ne mourrai pas ! dit-elle à moitié folle de joie et en se pendant à mon cou ; je pourrai t'aimer encore longtemps. Ma vie est dans la tienne, et tout ce qui est moi vient de toi. Quelques gouttes de ton riche et noble sang, plus précieux et

plus efficace que tous les élixirs du monde, m'ont rendu l'existence. »

in *Contes et Récits fantastiques*, Le Livre de Poche.

- **Relevez les champs lexicaux* montrant la métamorphose de Clarimonde en fauve.**
- **Quels effets le sang a-t-il sur Clarimonde ? En quoi cela fait-il d'elle un vampire ?**

Car la plume est dans le sang

Néanmoins, l'Angleterre victorienne reste le berceau le plus prolifique des histoires de vampires. Après ses illustres précurseurs, James Malcolm Rymer publie en 1849, une histoire qui deviendra populaire : *Varney le vampire*. C'est le premier roman de vampire publié en Angleterre et c'est dans celui-ci qu'il faut chercher les premiers éléments du genre. Sans grand intérêt stylistique, ce roman a au moins le mérite de jeter les bases de ce qui fera la réussite de ses successeurs et notamment de *Carmilla*, œuvre majeure de Sheridan Le Fanu. Cette novella* qui se démarque de son prédécesseur, non seulement dans le style, mais aussi dans l'élaboration de l'intrigue, met en scène un vampire féminin aux mœurs interlopes. Certes, Gautier avait déjà offert un magnifique aspect de ce que peut réaliser une femme éprise, mais pas dans le même registre. Car *Carmilla* (1872), bien plus que *La Morte amoureuse*, est l'archétype du vampire moderne. Bram Stocker citait volontiers ce roman de Le Fanu comme sa plus grande influence. Il n'avait pas tort. Dans *Carmilla*, on retrouve tout ce qui fera le charme de *Dracula* : la vision romantique, la malédiction, l'amour, les relations ambiguës des personnages avec le vampire et surtout les doutes qui étreignent aussi bien chasseurs que proies.

À la suite de ce roman, l'image du vampire se trouvera énormément modifiée. Dans l'excellente nouvelle de Francis Marion Crawford, *Car la vie est dans le sang* (1880), la Chose qui sévit est une morte n'arrivant pas à trouver le repos. Les personnages s'en débarrassent en lui transperçant le cœur d'un pieu de bois. On est déjà proche de Bram Stoker. Le vampire, que le narrateur prend en pitié, y est aussi désemparé que Dracula. On touche là une des meilleures nouvelles du genre, trop souvent passée sous silence.

Car la vie est dans le sang (1880)
Francis Marion Crawford

Cristina ! Le mot à peine prononcé, toute la volonté du jeune homme se dissipa, la réalité s'envola, le rêve s'empara de lui, une deuxième fois, et l'entraîna à toute allure, sans détour, comme un homme qui marche dans son sommeil, plus bas, plus bas, dans l'étroit sentier, au milieu des ténèbres qui s'y rassemblaient. Et, pendant qu'elle se glissait derrière lui, Cristina lui murmurait à l'oreille d'étranges promesses, tendres, qu'il n'aurait certes pas tout à fait comprises s'il avait été éveillé. Mais dans les circonstances présentes, les mots chuchotés étaient les plus beaux qu'il eût jamais entendus de toute sa vie. Elle l'embrassa aussi, mais pas sur la bouche. Il sentit son baiser appuyé sur sa gorge blanche et, par ce seul baiser, il sut que les lèvres étaient toujours écarlates. Ainsi, se poursuivit le rêve sauvage, à travers le crépuscule, les ténèbres, la lueur laiteuse de la lune et toutes les douceurs d'une belle nuit d'été. À l'aube glacée, il se retrouva étendu sur le tertre, à moitié mort, certain et incertain, vidé de son sang et, pourtant, étrangement désireux de donner davantage à ces lèvres de rubis. Puis, la peur l'assaillit, l'horrible panique sans nom, l'horreur mortelle qui veille sur les confins du monde invisible, que nous ne connaissons pas, mais que nous sentons quand, par hasard, la bise glacée qui en émane nous gèle les os et nous caresse les cheveux d'une main impalpable.

Traduction de Jacques Finné, NéO, © D.R.

- **Faites apparaître les oppositions entre la nuit et le jour.**
- **Montrez l'importance des hyperboles* dans ce texte.**

- **Analysez la construction du début de la phrase : « Puis, la peur… du monde invisible ».**
- **Quel rôle joue le pronom « nous » dans la dernière phrase du texte ?**

Finalement, si tous ces récits sont de bonne facture, se lisent agréablement, ou sont de petits chefs-d'œuvre, ils passent sous l'éteignoir à la sortie du maintenant célèbre *Dracula* de Bram Stocker en 1897. Comme nous venons de le voir, il n'est pas le premier, mais c'est avec lui que le genre prend ses lettres de noblesse — et peut-être aussi de vieillesse, puisque par la suite, il aura des difficultés à se démarquer de cet illustre ancêtre. À la suite de *Varney*, de *Carmilla* et d'une adaptation anonyme d'un conte allemand *The Mysterious Stranger* paru en 1860, Bram Stoker élabore un héros romantique, séducteur, qui se distingue des monstres repoussants qu'étaient ses prédécesseurs. Sa quête du sang, allégorie de la quête de la vie éternelle, met en place de nouveaux rapports entre tueur et victimes, mais surtout entre personnage et lecteurs, personnage et auteurs. En effet, si Dracula charme ses proies, il charme aussi les lecteurs, non seulement par ses traits de caractère, mais également par le fait que Bram Stoker a su composer un individu crédible, soumis à de nombreuses contraintes, aux affres de l'amour, de la faim, qui vit en marge d'une société qui le rejette. En quelques centaines de pages, l'auteur a en fait érigé des préceptes qui resteront pendant longtemps incontournables : métamorphoses du vampire, absence de reflet de son image, répulsion envers l'ail, les croix, la lumière, vie nocturne, journées passées dans son cercueil avec la terre de sa tombe…

« Après moi le déluge » aurait pu dire Bram Stoker, tant son œuvre a écrasé, et écrase encore le genre. Citons cependant, de l'excellent Clark Ashton Smith, *Un rendez-vous en Averoigne*

(1921), texte à l'ambiance médiévale se déroulant dans une France de légendes et *Morthylla*, qui est un chef-d'œuvre de poésie, dans lequel l'auteur peut à loisir parler de l'amour entre deux êtres que tout sépare. Parlons également du roman *Mademoiselle Christina* du Roumain Mircea Éliade, bien dans la tradition des vampires roumains, mais aussi de *Tourbillons de neige* (1939) d'Auguste Derleth, qui place une histoire de vampire dans le monde moderne, en opposant une jeune fille vampire à deux couples pendant une tempête de neige, *Une question d'identité* (1939) de Robert Bloch, ou la longue quête d'un personnage qui s'avoue enfin sa propre tragédie, *La Fille aux yeux avides* (1949) de Fritz Leiber, sorte de mise en abîme* du mythe du vampire dans un cadre urbain.

Si le vampire est surtout connu grâce aux personnages masculins de Dracula, ou plus près de nous de Lestat, les récits nous le présentent aussi souvent sous les traits d'une femme, belle, magnifique même, capable de retourner le cœur des hommes, de leur faire perdre la raison. Clarimonde, Carmilla, Morthylla, autant de femmes fatales susceptibles de perdre les personnages masculins.

Morthylla
Clark Ashton Smith

Nuit après nuit, ses dégoûts et ses lassitudes le quittèrent pour une fascination qui se nourrissait de l'environnement spectral, du silence de mort et de sa rupture avec la ville sensuelle et tapageuse. Progressivement, en alternant le doute et la foi, il finit par accepter la femme comme la lamie véritable. La faim qu'il devinait en elle ne pouvait appartenir qu'à une lamie, et sa beauté dépassait celle des femmes humaines. Il n'était plus qu'un rêveur qui acceptait de vivre les événements fantastiques qu'il ne rencontrait que dans son sommeil. Son amour, allant de pair avec sa foi, grandit. Les désirs qu'il avait crus morts renaquirent, plus violents, plus importuns.*

Traduction de Françoise Levie, NéO, © D.R.

- **Faites une étude psychologique du personnage.**
- **En quoi son amour influence-t-il sa manière de penser ?**

Quelques-uns cherchent à se défaire de l'emprise diabolique de Stoker. Ainsi, Robert Bloch se démarque de ses œuvres classiques de jeunesse, pour nous asséner avec son humour corrosif, une histoire de cape maudite qui transforme son porteur en vampire, *La Cape* (1939), ou D. H. Keller, qui fait paraître *L'Artiste de Lune* (1941), une histoire de portrait vampire des plus réussies. Mais c'est surtout Richard Matheson et son fameux *Je suis une légende* (1954) qui va prendre tout le monde à revers. Dans ce roman, l'être à part ce n'est pas un vampire, mais un homme, le dernier survivant de sa race. Ce roman a le mérite de désacraliser le mythe et de mettre à jour les angoisses du solitaire, du rejeté, de la « légende ».

Longtemps considéré comme prêt à disparaître, le mythe du vampire, sous l'influence du cinéma notamment et des deux précédents auteurs, retrouve une seconde jeunesse, ce qui donne lieu à une pléthore de romans et de nouvelles, souvent de médiocre qualité, mais parfois excellents.

Ainsi, on peut parler de *Salem* (1975) deuxième roman de Stephen King, qui met une ville tranquille aux prises avec une créature démoniaque, mais également deux nouvelles étonnantes *Pospsy* en 1987 et *L'Oiseau de nuit*. En 1979, Pierre Kast fait paraître *Les Vampires de l'Alfama*, qui aurait dû être un film. Pourtant, il faudra attendre bien d'autres années avant que quelqu'un, à nouveau, se démarque du genre. Et c'est une femme qui va réaliser cet exploit, Anne Rice, qui dans sa trilogie *Entretien avec un vampire* (1976), *Lestat le vampire* (1985) et *La Reine des damnés* (1988) met en scène toute une société parallèle de vampires. À nouveau, le personnage du vampire est traité de façon crédible, sans être surchargé des poncifs du genre. Cela relance le mythe, et donc l'intérêt des lecteurs pour les maîtres sanglants. Mais il faut, pour les auteurs, trouver de nouvelles idées afin de ne pas refaire ce qui a déjà été dit. Aussi successivement paraissent des récits qui tentent d'apporter autre chose, tels *L'Extase des vampires* de Brian Stableford, ou encore les romans de Ray Garton : *Tapineuses vampires* (1991) qui se déroule sur des parkings d'autoroute où sévissent des femmes vampires et surtout *Extase sanglante* (1987) qui présente des vampires œuvrant dans des lieux de débauche. En Angleterre, Brian Lumley fait paraître sa ténébreuse nouvelle *Necros* (1986) suivie d'une série de romans *Necroscope* (dix volumes à ce jour) mettant en scène un univers très riche dans lequel les vampires, tapis dans l'ombre, tentent de retrouver une place importante sur la terre, tandis que s'affrontent des services secrets doués de pouvoirs psychiques. Très riches, ses récits projettent le lecteur dans des mondes complexes qui voient des destins se croiser, s'affronter, se détruire. Paru en France en 1992, *Le Vampire de la Sainte Inquisition* (1978) de Les Daniels bénéficie de ce regain d'intérêt et c'est tant mieux, car ce roman qui se déroule dans une Espagne des Temps modernes nous fait découvrir de nouvelles contrées et tranche avec les récits habituels. Il en va de même pour *L'Appel du sang* de John Russo (1983) qui fait revenir dans notre monde sous forme de vampire un homme tué à la Guerre de Sécession. À citer également, *Lyrica* de Thomas Monteleone et *Les Prédateurs* de Whitley Strieber.

En France, Daniel Conrad écrit *Nam Vampire Story* (1992) se déroulant en pleine guerre du Viêt Nam. Dans le même temps, l'anthologie *Territoires de l'inquiétude 4* dirigée par Alain Dorémieux (Denoël) a le mérite de nous présenter de superbes nouvelles dont *La Barbe et les Cheveux, Deux Morsures* de Dan Simmons et *Essaie donc avec un couteau* de Harlan Ellison. Plus proche de nous, citons l'anthologie *De sang et d'encre* (éditions Naturellement) présentée par Léa Silhol dans laquelle on retrouve l'excellente nouvelle *Du beau linge* de Serena Gentilhomme, mais aussi des spécialistes du genre dont Neil Gaiman et ses étonnantes *15 Cartes peintes d'un tarot de vampire,* Brian Lumley, Brian Hodge, Nancy Kilpatrick, Jeanne Faivre d'Arcier...

Du beau linge (1999)
Serena Gentilhomme

Enfin, se dit-il, enfin une partenaire qui ne vous casse pas les oreilles avec ses cris orgasmiques, genre : « Amour ! »
Ce mot qu'il déteste et qui n'a jamais franchi ses lèvres. Mais qu'il a entendu trop de fois, à tort et à travers. On deviendrait nécrophile à moins.
D'un coup de reins, il s'abîme dans un couloir de ténèbres et de torches, au-delà d'une coupole dorée, sur laquelle un oiseau à deux têtes déploie ses immenses ailes de feu — qu'il bat, sans pouvoir s'envoler.
Quelque chose ne va pas. C'est comme un roulis, un tangage plus nauséeux que ce parfum douceâtre, que cette marche funèbre en l'honneur d'une reine Marie.
Pire : on dirait que ça bouge.
Il ouvre les yeux et son regard plonge dans des prunelles sombres, empourprées de désir. Il s'agite, se cabre, cherche à se détourner. Les iris injectés l'aspirent, irrésistibles, dans la honte de son désir frustré, cet éternel retour repassé en boucle, rythmant l'éternité des non-morts.
— Amour ! entend-il exploser, dans son oreille, avant que deux pointes acérées ne se plantent dans sa carotide.

in *De sang et d'encre,* Éditions Naturellement, © D.R.

- **Étudiez les champs lexicaux de la mort et de l'amour physique dans le texte.**
- **Montrez que la chute appartient au registre de l'humour noir.**
- **Imaginez le début du texte, en mettant en avant les pensées de l'homme.**

Miroir, mon beau miroir

Le cinéma qui ne pouvait passer à côté de ce phénomène, s'empare rapidement des personnages de Dracula, Carmilla et autre Ligeia, et nous livre quelques petits chefs-d'œuvre d'horreur. Le premier à se lancer dans l'aventure est bien sûr Georges Méliès en 1896 avec *Le Manoir du Diable*, puis suivirent de nombreux autres films, dont on peut retenir bien évidemment *Nosferatu* de Murnau (1922), *Vampyr* de Dreyer (1932), puis le mythique *Dracula* de Tod Browning (1931) avec Bela Lugosi dans le rôle du vampire. Dans les années cinquante, une firme anglaise, la Hammer, se lance dans les productions « gothiques » et Terence Fischer tourne *Le Cauchemar de Dracula* (1958), *Les Maîtresses de Dracula* (1961) et *Dracula, prince des ténèbres* (1964) avec l'énigmatique Christopher Lee. Suit une période moins prolifique, pendant laquelle Roman Polanski tente de ridiculiser le genre avec son parodique *Bal des vampires* (1967), où tout est fait pour mettre fin au mythe : vampires homosexuels, professeur ressemblant à Einstein, gags à répétitions. En 1992, Francis Ford Coppola revient aux origines avec son *Dracula*, incarnation très romantique du personnage de Stoker, puis c'est l'univers d'Anne Rice qui est mis en scène dans *Entretien avec un vampire* de Neil Jordan (1994), un film d'aventure très sombre et très décadent avec Tom Cruise. Enfin, on ne peut passer sous silence le « road movie » de Carpenter *Vampires*, qui tente d'expliquer la naissance du premier vampire et met en scène une bande de tueurs de vampires payés par l'Église aux prises avec ce grand maître.

Pour rendre hommage au cinéma, Kim Newman s'empare même du film de Coppola et y assoit un récit mêlant fiction et réalité, dans lequel une femme vampire joue le rôle de consultante sur le tournage. Cette nouvelle *Coppola's Dracula* a le mérite d'apporter une pierre différente à l'édifice vampirique juste avant son roman *Anno Dracula*.

Frères de sang

Si le vampire a repris des couleurs, c'est certainement aussi grâce au psychopathe qui, pendant quelques années, l'a remplacé dans l'imaginaire collectif. En effet, lorsqu'en 1943 Robert Bloch publie une nouvelle intitulée *Votre dévoué Jack l'Éventreur*, il ne sait pas qu'il ouvre une nouvelle voie dans laquelle vont s'engouffrer des dizaines d'auteurs. Cette nouvelle ayant pour thème principal le célèbre psychopathe Jack l'Éventreur fut suivie en 1959 par un roman qui révolutionna la littérature fantastique et le cinéma : *Psychose*. Après avoir utilisé un fait historique pour explorer ce thème, Bloch créa le personnage de Norman Bates, jeune homme déséquilibré par la mort de sa mère et qui souffre d'un dédoublement de personnalité. Bloch consacra par la suite de nombreux romans et nouvelles au personnage du psychopathe dont *Le Boucher de Chicago* (1974), *Psychose 2* (1979), *La Nuit de l'Éventreur* (1984), *Un jouet pour Juliette* (1967) ou *L'Écharpe*, ce qui en fait encore aujourd'hui le spécialiste incontestable de ce personnage, la référence ultime. Passionné par cet être étonnant qu'était Jack l'Éventreur, Robert Bloch n'a pas fait qu'étudier ce tueur en série, mais a posé les bases de ce qui est, à l'heure actuelle, le personnage le plus utilisé dans la littérature de terreur. Dans *L'Éventreur* (1954), c'est un être partiellement amnésique qui parcourt les pages de ce roman, se demandant sans arrêt s'il est ou non cet éventreur que toute la police recherche.

À partir de cette base, d'autres écrivains se sont lancés sur la trace de ces psychopathes, personnages étonnants dont la vie en marge de notre société fait, au même titre que les vampires, des êtres à part. La comparaison avec les vampires n'est par fortuite, ni gratuite, car le psychopathe a été généré par notre société moderne, comme le vampire avait été généré par la société du XIXe siècle. Si tous deux ont d'ailleurs des points communs (pulsions de mort, pulsions sexuelles, vie solitaire, transgression des lois morales), ils sont également très différents de par leurs origines même. En effet, si la beauté noire et le mystère qui entourait le vampire étaient attirants et avaient de quoi charmer des lectrices et des lecteurs, le psychopathe n'attire pas, au contraire, il se montre même le plus souvent repoussant. Pourquoi ? Peut-être simplement parce qu'il nous montre notre face cachée, ce côté agressif qui nous fait horreur. Certes, on peut voir dans ce personnage un aspect rebelle, une sensation de puissance qui peuvent attirer, mais tout cela disparaît rapidement derrière l'abondance de sang et l'horreur des situations dans lesquelles il se place.

Chez le psychopathe, le couteau a remplacé les canines et si le tueur ne boit pas le sang de sa victime (bien que dans certains cas cela se produise, comme dans *Miroir de sang* de Dean Koontz), il éprouve la plupart du temps un intense plaisir à voir le sang s'écouler. Il se nourrit de son odeur, de sa couleur, comme si le sang était un remède à ses problèmes, un baume qui viendrait cicatriser pour un temps les blessures ouvertes par la vie. Car le psychopathe est bien quelqu'un qui trouve un certain réconfort moral dans le meurtre et la terreur qu'il lit dans les yeux de ses victimes. Face à ces femmes, ces enfants ou ces hommes sans défense, il se sent puissant, Atropos moderne prête à trancher le fil de la vie.

Né au siècle de Freud, le psychopathe est sans arrêt étudié par les psychiatres qui lui trouvent des blessures, des failles psychiques. C'est d'ailleurs ce qui a attiré Robert Bloch et qui passionne des auteurs tels que Stephen King, Dean Koontz, John Saul, James Herbert ou encore Thomas Harris et Graham Masterton. Chacun de ces écrivains, à la suite de Robert Bloch a essayé d'apporter lui aussi un regard nouveau sur ce personnage, fouillant dans le monde moderne afin d'y découvrir matière à faire émerger un de ces tueurs en série, inventant sans cesse de nouveaux troubles, de nouvelles charges émotionnelles, de nouvelles fractures psychiques aptes à faire apparaître un psychopathe différent de celui du voisin. Ainsi, le tueur de *La Nuit du forain* de Stephen King ne ressemble en rien à la vieille femme folle de *Hantises* de John Saul, ni à Hannibal Lecter immortalisé par Thomas Harris dans *Dragon rouge* et *Le Silence des agneaux*. Chaque auteur apporte un regard différent sur ce personnage, comme auparavant des écrivains tels que Bram Stoker, Sheridan Le Fanu, Théophile Gautier, Clark Ashton Smith... avaient offert à la littérature leurs visions du vampire.

Le psychopathe, vampire moderne, a apporté ce côté rebelle qui manquait au saigneur de la nuit, nimbé de son aura gothique, poussiéreuse et entoilée de fils d'arachnides. Lestat et Dragosani doivent certainement autant à Norman Bates qu'à Dracula, cela leur a permis de quitter leurs antiques châteaux en ruines pour mieux s'engouffrer dans les motels, les métros et nos villes grouillantes de vie.

Exercices

Travaux d'analyse

- **Dossier** : en vous aidant, par exemple, d'internet (tapez les mots « vampire » ou « Dracula » sur un moteur de recherches), constituez un dossier sur les vampires.
- **Composition française** : en quoi le personnage du vampire impose-t-il une critique de la société judéo-chrétienne ?

▸ Lecture analytique :

Le Laird[1] *de Dunain* (1995)

Graham Masterton

Claire doit faire le portrait du Laird de Dunain. Mais elle ne parvient pas à donner de la couleur à son visage.

Elle s'empara de son scalpel pour ouvrir la cellophane enroulée autour d'une autre boîte de peinture.
— Je suis désolé. Je suis un modèle peu commode, lança le Laird avec un sourire. Il avait dit cela comme si c'était plutôt amusant d'être peu commode.
— L'art a toujours été un challenge, rétorqua Claire.
Elle était toujours occupée à ouvrir une nouvelle boîte de peinture. Sans avertissement, il y eut un mugissement dévastateur du tonnerre, si près du toit du château que Claire sentit les chevrons vibrer. Sa main glissa sur la boîte et le scalpel entailla le bout de son doigt.
— Aie ! cria-t-elle. Elle laissa tomber la boîte et serra son doigt. Des gouttes de sang coulèrent sur la toile, une à une, rapidement.
— Quelque chose ne va pas ? demanda le Laird, sans esquisser le moindre geste pour quitter sa place sur la malle cerclée de fer.
Claire grimaçait de douleur en regardant le sang s'écouler. Elle allait lui dire qu'elle s'était coupé le doigt et qu'elle n'était plus capable de peindre, lorsqu'elle se rendit compte que le sang s'était mélangé à la peinture fraîche sur le portrait du Laird et qu'il lui avait insufflé une anormale rougeur de santé.
— Vous ne nous êtes pas fait mal au moins ? demanda le Laird.
— Oh non, lui répondit Claire.
Elle fit sortir plus de sang et le mélangea à la peinture avec sa brosse. Petit à petit, le visage du Laird rosit, beaucoup plus qu'il ne l'était en réalité.
— C'est parfait ! C'est absolument parfait !
Puis à elle-même : maintenant, je te tiens, espèce de bâtard. Maintenant je vais te montrer comment je peux peindre. Je vais te saisir là pour l'éternité. C'est comme ça que je t'ai vu, c'est comme ça que je veux que tu sois.

---

1. Équivalent de « Lord » pour les Écossais.

Le Laird garda la pose et ne dit rien, mais il la regarda avec une réelle expression de satisfaction, comme un homme qui a goûté à un excellent vin.

Traduction de Denis Labbé, in *Phénix* n° 38, © D.R.

- **Relevez les éléments qui montrent que le Laird est un vampire.**
- **Montrez que Claire est à présent à la merci du vampire.**

Travaux d'écriture

Rédactions :

• Écrivez une nouvelle mettant en scène un vampire, en utilisant une ou plusieurs de ces contraintes :

– Le vampire a trouvé un moyen d'évoluer en plein jour.
– Le lieu de l'action est votre établissement scolaire.
– Le vampire est l'un de vos professeurs ou de vos camarades.
– Le narrateur est le vampire.
– Le vampire se réveille après plusieurs siècles de sommeil et découvre notre monde.

• Après le visionnage d'un film de vampire, réalisez une fiche critique pour en rendre compte à l'oral à vos camarades.

Les différents visages du fantastique

Issu de la littérature, le fantastique a gagné d'autres arts, d'autres supports.

La peinture

Un art visionnaire est né dès le Moyen Âge, souvent inspiré par le merveilleux chrétien. Jérôme Bosch peint le paradis et l'enfer, Brueghel la folie du monde. Plus tardivement, William Blake expose des visions prophétiques. Mais c'est avec Goya, au XIXe siècle, que le fantastique s'invite dans la peinture. Le peintre espagnol, hanté par le thème de la mort, présente des personnages de monstres, de sorcières. Son influence va s'exercer sur les mouvements picturaux qui vont suivre. Le fantastique est présent aux marges du romantisme. Victor Hugo peint des châteaux forts en ruine où l'on s'attend à voir surgir des personnages de romans gothiques. Eugène Delacroix montre Dante et Virgile descendant aux enfers. Puis vient le symbolisme. Gustave Moreau met en scène des visions, à travers le mythe d'Hérodiade en particulier.

Le surréalisme va plus loin encore, ce qui n'est pas étonnant puisqu'André Breton, l'inspirateur du mouvement, admirait *Le Moine* de Lewis ou les *Histoires extraordinaires* d'Edgar Poe et puisque le *Manifeste du surréalisme* définit ce dernier comme une « dictée de la pensée, en l'absence de tout contrôle exercé par la raison », ce qui ramène souvent aux peurs primaires de l'homme, celles qui inspirent le fantastique. Dali aime métamorphoser les objets, les paysages en êtres humains. La technique du collage, du grattage ou du frottage permet à Max Ernst de cultiver les rencontres fortuites. Magritte privilégie l'insolite. Paul Delvaux parsème ses toiles de femmes fantomatiques.

Ce qui est également notable c'est la présence dans la littérature fantastique du motif pictural. Nombreux sont les récits qui mettent en scène un peintre et son tableau. Le plus célèbre est sans doute *Le Portrait ovale* d'Edgar Poe où un homme fait le portrait de sa jeune femme. À mesure que l'œuvre prend corps, une langueur s'empare du modèle. La dernière phrase en révèle la cause. Le peintre regarde le portrait qu'il vient d'achever : « ... criant d'une voix éclatante : "En vérité, c'est la Vie elle-même !" — il se retourna brusquement pour regarder sa bien aimée : — elle était morte ! » Un motif proche sert de base à Oscar Wilde pour un roman :

Le Portrait de Dorian Gray (1891)
Oscar Wilde

Dorian Gray a formé le vœu que le portrait qu'a fait de lui le peintre Basil Hallward vieillisse à sa place. À mesure que le temps passe, sans affecter l'exceptionnelle beauté de Dorian Gray, le tableau porte les traces des ans et de la vie de débauche de celui qui le cache dans un grenier. Une tache de sang apparaît même sur la main peinte. Dorian Gray vient d'assassiner Basil Hallward...

Regardant autour de lui, Dorian vit le couteau dont il avait frappé Basil Hallward. Il l'avait nettoyé maintes fois, jusqu'à ce que la moindre tache eût disparu. L'arme luisait, nette, étincelante. Elle avait tué le peintre, elle tuerait de même l'œuvre de son pinceau et tout ce qu'elle enfermait de mystère. Elle tuerait le passé et, quand le passé serait mort, Dorian serait délivré. Elle tuerait cette toile monstrueuse où vivait une âme, et les hideux avertissements cesseraient : il pourrait vivre en paix.

Il saisit la lame et transperce le portrait. On entend un grand cri. Les serviteurs se précipitent.

En entrant, ils virent contre le mur un splendide portrait de leur maître, tel que, la veille encore, ils l'avaient vu lui-même, dans tout l'éclat de sa jeunesse exquise et de sa merveilleuse beauté. Sur le parquet, un homme en habit noir de soirée gisait, un couteau dans le cœur. Son visage était flétri, ridé, repoussant. Ce ne fut qu'à l'examen de ses bagues qu'ils reconnurent ce mort.

Traduction d'Edmond Jaloux et Félix Frapereau, Livre de Poche.

Rapprochez le début de ce texte de la scène de « Macbeth » de Shakespeare où Lady Macbeth tente d'effacer le sang sur ses mains.

La musique

Il n'existe pas à proprement parler de musique fantastique. Toutefois, des poèmes symphoniques s'inspirent d'histoires inquiétantes et surnaturelles, *La Symphonie fantastique* de Berlioz, la *Faust-Symphonie* de Liszt, *La Nuit sur le mont Chauve* de Moussorgski, la *Danse macabre de Saint-Saëns* ou *L'Apprenti sorcier* de Paul Dukas, inspiré de Goethe. Plusieurs livrets d'opéras sont tirés d'œuvres fantastiques : *La Damnation de Faust* de Berlioz, *Faust* de Gounod, *La Dame de pique* d'Halévy, *Le Vaisseau fantôme* de Wagner, *Les Contes d'Hoffmann* d'Offenbach, *Le Tour d'écrou* de Benjamin Britten, *Le Grand Macabre* de Ligeti.

Comme pour la peinture, le lien vient parfois de l'utilisation de la musique comme motif d'un récit. Les mélodies sont souvent estimées maléfiques. *Le Violon de Crémone* d'E. T. A. Hoffmann montre la belle Antonia à qui son père, le Conseiller Krespel, a interdit de chanter parce qu'elle risque d'en mourir. Pour la consoler de cette perte, il lui joue du violon et elle en éprouve autant de plaisir que si elle chantait. Mais Antonia aime un jeune pianiste et chante, une nuit, en sa compagnie. Elle n'y survit pas. Il n'est pas nécessaire d'être psychanalyste pour comprendre que la musique sert ici de symbole sexuel. Il en va tout autrement chez Lovecraft.

La Musique d'Erich Zann (1921)
Howard Phillips Lovecraft

Un étudiant a pour voisin un vieil homme qui joue du violon devant une fenêtre fermée par un rideau. Il découvre que cette fenêtre masque un terrifiant néant.

Il serait inutile d'essayer de décrire ce que fut le jeu d'Erich Zann pendant ces heures-là. Plus effrayant que tout ce que j'avais jamais entendu en cachette, car maintenant je ne pouvais voir l'expression de sa figure et je me rendis compte, cette fois-ci, qu'il était animé par la terreur la plus réelle. Il essayait de faire du bruit, de chasser quelque chose, de noyer quelque chose — mais quoi ? Je ne pouvais l'imaginer, mais ce devait être redoutable. Son jeu était fantastique, délirant, hystérique, et pourtant il conserva jusqu'à la fin ces qualités de génie suprême que je savais appartenir à cet étrange vieillard. Je reconnaissais l'air — une sorte de danse hongroise échevelée que l'on jouait beaucoup dans les théâtres, et je me dis, un moment, que pour la première fois j'entendais Zann jouer la musique d'un autre compositeur.

in *Je suis d'ailleurs*, traduction d'Yves Rivière, © Éditions Denöel, 1961.

- **Étudiez les adjectifs.**
- **Une musique peut-elle être effrayante ? Cherchez dans votre discothèque des œuvres de ce type.**

La musique participe également au développement du cinéma fantastique. Ainsi, des compositeurs tels que Maurice Jarre ont apporté leur talent à l'élaboration d'une atmosphère. Plus proche de nous, Jerry Goldsmith, mais également Danny Elfman (*L'Étrange Noël de Monsieur Jack, Batman...*) proposent des musiques épiques ou sombres en accord avec les films pour lesquelles elles ont été écrites.

Mais c'est surtout la musique Rock et plus particulièrement la musique métallique qui s'est emparée du phénomène fantastique, y trouvant les récits adaptés à ses pages noires ou agressives. Ainsi, quand au début des années soixante-dix le groupe anglais Black Sabbath sort son disque éponyme*, on y retrouve les mêmes thèmes que dans les romans de l'époque : satanisme, récits étranges, vampirisme, paranoïa... Le chanteur du groupe, Ozzy Osbourne, choquera tout autant dans sa carrière solo, tournant même un clip pour son morceau *Bark at the Moon*, véritable court métrage fantastique, dans lequel il se change en loup-garou. Suit la vague anglaise de 1980, d'où se détache Iron Maiden qui place une bonne partie de son visuel sous l'égide du fantastique : pochettes signées Derek Riggs représentant un zombie qui sera décliné en tueur (*Killers*), en manipulateur du Diable (*Number of the Beast*), en créature-arbre (*Fear of the Dark*)... C'est alors la déferlante et des dizaines de groupes s'engagent dans cette voie, évoquant le Diable, la magie, les vampires...

Le groupe Venom (*Welcome to Hell, Black Metal...*) lance ce que l'on appellera le Black Metal. Ses titres, basés aussi bien sur l'épouvante que sur la possession marquent les esprits. Aux États-Unis, Metallica prend un chemin plus fantastique évoquant Lovecraft (*Call of Ktulu*) ou des situations étranges (*Trapped under Ice*). Manilla Road, groupe américain, construira même des albums entiers autour de Poe ou de Lovecraft, et Savatage de mythes (*Sirens*) ou de thèmes classiques et légendaires (*The Hall of the Mountain King*). Le groupe allemand Rage s'empare également de textes de Poe, explore le fantastique et construit des albums supportés par un orchestre symphonique (*Ghost* est un récit entier dont le narrateur est un fantôme). Au Danemark, Mercyful Fate et King Diamond bâtissent de véritables histoires sur des thèmes fantastiques comme la sorcellerie, le vaudou, la mort : *Melissa, Voodoo, Dead Again...*

À l'heure actuelle, ce sont des centaines de groupes qui basent leur écriture et leur visuel sur le fantastique. Citons Iced Earth, Demons & Wizards, Blind Guardian, ou les vampiriques Cradle of Filth...

Dans un style différent, la vague Gothic (Fields of Nephilim, Dead Can Dance, Christian Death, Nosferatu...) place des récits fantastiques sur des musiques très sombres, s'inspirant beaucoup des vampires et des habitants de la nuit, entraînant dans son sillage de véritables adeptes de cette littérature.

Le cinéma

Le cinéma entretient une étroite relation avec le fantastique et participe activement à son succès, surtout auprès de la jeunesse qui forme, à l'heure actuelle, une grande partie de son public. D'ailleurs, les personnages les plus souvent portés à l'écran sont tirés d'œuvres fantastiques : Dracula (plus de 160 films), Frankenstein (plus de 135) ou encore Sherlock Holmes (plus de 200 films) même si tout l'univers de ce dernier n'est pas fantastique. On a cité les débuts de Méliès en 1896, mais pour voir le cinéma fantastique apparaître, il faut attendre l'après-guerre et le réalisateur allemand Friedrich Murnau : *La Tête de Janus* (1920), une adaptation du *Dr Jekyll et Mr Hyde* de Stevenson, et *Nosferatu* (1922), d'après *Dracula*, film en décors réels. À ses côtés, Paul Wegener réalise *Le Golem* (1920) d'après Meyrinck et Henrik Galeen *L'Étudiant de Prague* (1926).

La France n'est pas en reste puisque Louis Feuillade tourne *Les Vampires* (1915) et que Marcel L'Herbier sort un film d'avant-garde : *L'Inhumaine* (1923), contant les amours fantastiques entre un ingénieur et une diva sur des décors du peintre Fernand Léger. De l'autre côté de l'Atlantique, le cinéma muet pioche également dans l'univers sombre de l'horreur.

Pourtant, c'est le parlant qui lui donne ses lettres de noblesse, notamment grâce à l'adaptation des romans les plus célèbres : *Dr Jekyll et Mr Hyde* (1931) de Rouben Mamoulian, *Dracula* (1931) par Tod Browning avec l'étrange Bela Lugosi, *Frankenstein* (1931) par James Whale avec Boris Karloff dans le rôle du monstre. Ces deux films auront de nombreuses suites, notamment l'excellent *La Fiancée de Frankenstein* (1935) de James Whale, ou *le Fils de Frankenstein* (1939) de Rowland Lee avec Boris Karloff et Lionel Atwill. Dans le même temps, on s'empare d'autres grands mythes fantastiques comme *L'Homme invisible* (1933) de James Whale, adapté du roman de H. G. Wells, *La Momie* (1932) de Karl Freund, toujours avec Boris Karloff. N'oublions pas *Le Chien des Baskerville* (1939) de Sidney Lanfield avec Basil Rathbone et Lionel Atwill adapté de Conan Doyle et *Le Chat noir* (1934) d'Edgar Ulmer avec Boris Karloff et Bela Lugosi, tiré d'une nouvelle de Poe. Dans le même temps, quelques films se créent sans aide littéraire, comme *Les Chasses du comte Zaroff* (1932) et *King Kong* (1933) d'Ernest Schoedsack, *Doctor X* (1932) de Michael Curtiz avec Lionel Atwill et Fay Wray (histoire d'un médecin fou et de meurtres horribles) ou, l'année suivante, *Masques de cire*, toujours de Michael Curtiz et avec les deux mêmes acteurs dans les rôles principaux. Cette histoire terrifiante met en scène le propriétaire d'un musée de cire qui, après un incendie, reconstitue sa collection avec des cadavres. Toujours en 1933, le cinéma lance le mythe du mort-vivant. C'est *White Zombie* de Victor Halperin, avec Bela Lugosi.

Dans les années de guerre, Jacques Tourneur réalise *La Féline* (1942), histoire de métamorphose de femme en panthère à la suite d'une malédiction (un remake en sera tourné près de quarante ans plus tard par Paul Schrader, avec Nastassja Kinski). Mais 1942 voit aussi la sortie du chef-d'œuvre de Marcel Carné, *Les Visiteurs du soir*, dans lequel Jules Berry campe un diable à la fois terrifiant et envoûtant et *La Nuit fantastique* de Marcel

L'Herbier. Ne passons pas sous silence les « suites » de grands films anciens : *Le Spectre de Frankenstein* (1942) d'Erle C. Kenton, avec Lionel Atwill, Bela Lugosi et Lon Chaney Jr, *Frankenstein rencontre le loup-garou* (1943) de Roy William Mac Neill, *La Maison de Frankenstein* (1944) et *La Maison de Dracula* (1945), tous deux d'Erle C. Kenton avec Lionel Atwill.

L'après-guerre est dominée par Jean Cocteau qui nous offre des visions à la fois poétiques et fantastiques dans *La Belle et la Bête* (1946) avec Josette Day et Jean Marais et surtout dans le très photographique *Orphée* (1949). *Une question de vie ou de mort* de Michael Powell et Émeric Pressburger, avec David Niven, expose une vision onirique de l'au-delà.

George Franju fut l'un des plus grands réalisateurs de films fantastiques français avec *Les Yeux sans visage* (1959) sur un scénario de Boileau-Narcejac, avec Pierre et Claude Brasseur, Alida Valli et Édith Scob. Cette histoire de savant rendu fou à la vue de son enfant défiguré plonge le spectateur dans l'angoisse la plus profonde, soulignée par la musique de Maurice Jarre.

En marge des grands studios d'Hollywood, en Angleterre, une petite maison de production, la Hammer, reprend les rênes du cinéma fantastique, avec une vision très gothique de la chose, proche du romantisme noir qui avait prévalu à la sortie des premiers romans fantastiques. Si les films sont souvent faits avec peu de moyens, ils sont toujours très soignés, tant par le jeu des acteurs (Peter Cushing et Christopher Lee en tête) que par l'atmosphère savamment mise en place par les différents réalisateurs (Terence Fisher et Brian Clemens la plupart du temps). Les studios revisitent tous les grands mythes : *Frankenstein s'est échappé* (1957), *Le Cauchemar de Dracula* (1958), avec Christopher Lee, *Le Chien des Baskerville* (1959) avec Peter Cushing et Christopher Lee, *La Nuit du loup-garou* (1960), *La Momie* (1960), *Les Maîtresses de Dracula* (1961), *Le Fantôme de l'Opéra* (1962), *La Gorgone* (1964), *Dracula, prince des ténèbres* (1965), *Frankenstein créa la femme* (1966), *Les Vierges de Satan* (1967), scénario de Richard Matheson, *Le Retour de Frankenstein* (1969), *Frankenstein et le monstre de l'Enfer* (1972) tous de Terence Fisher. *Captain Kronos contre les vampires* (1972) de Brian Clemens sort un peu des sentiers battus : un tueur de vampires se bat à l'aide d'une épée forgée dans une croix.

À la même époque, le cinéaste Alfred Hitchcock porte à l'écran le roman de Robert Bloch *Psychose* (1960), mettant en scène un tueur psychopathe joué par Anthony Perkins qui souffre d'un dédoublement de personnalité. Le meurtre dans la douche est une scène d'anthologie maintes fois reprise ou parodiée par la suite. Ce chef-d'œuvre inaugure la longue série des films de tueurs en série et de psychopathes et Hitchcock devient la référence de réalisateurs tels que :

- Brian de Palma, *Carrie* (1976) avec Sissy Spacek ;
- John Carpenter, *Halloween* (1978) avec Jamie Lee Curtis, aux nombreuses suites, dont le plus récent vient de sortir, *Fog* (1979), histoire de tueurs fantômes issus de l'océan ... ;
- David Cronenberg, *Chromosome 3* (1979), *Scanners* (1979) ou le magnifique *Dead Zone* (1983) avec Christopher Walken, tiré d'un livre de Stephen King ;
- Wes Craven, *La Colline a des yeux* (1977), *Les Griffes de la nuit* (1984). C'est lui qui débuta, comme scénariste, la série des *Freddy*, le tueur fantôme qui n'apparaît qu'à travers les rêves.

Il ne faut pas oublier la série des *Vendredi 13* débutée en 1980 qui fera frissonner une génération d'adolescents à travers ses nombreux épisodes de Jason le tueur mort-vivant.

Cette ambiance sera exacerbée dans l'adaptation du roman de Thomas Harris *Le Silence des agneaux* (1990) réalisé par Jonathan Demme avec Jodie Foster et l'inquiétant Anthony Hopkins. Ce récit de psychopathe cannibale n'aura pas d'égal dans l'horreur jusqu'à *Seven* (1996) de David Finch avec Brad Pitt et Morgan Freeman qui met deux policiers aux prises avec un psychopathe qui tue en fonction des sept péchés capitaux. Cette escalade dans la démesure a laissé un peu de côté le psychopathe classique, mais Wes Craven, vétéran du genre, lance *Scream* (1996), Grand Prix à Gérardmer, avec Neve Campbell, David Arquette et Courteney Cox et c'est le succès. Suivent *Scream 2* (1997) et *Scream 3* (2000) toujours avec les mêmes trois héros. Dans la foulée, *Souviens-toi l'Ééé dernier* (1997) de Jim Gillespie avec Jennifer Love Hewitt et Sarah Michelle Gellar, et sa suite en 1998, récoltent une partie de ce succès.

Scream (1996) ***et Scream 2*** (1997)
Wes Craven

Véritable analyse du film de psychopathe*, la série *Scream* met en évidence toutes les ficelles du genre, tout en s'appliquant à dérouter les spectateurs. Les axes d'étude sont donc nombreux :

Les références cinématographiques

Dans le premier épisode, le tueur joue avec sa victime aux devinettes sur les films de psychopathes : Vendredi 13, Halloween, Les Griffes de la nuit. *Puis, les étudiants citent* L'Exorciste, *et visionnent, lors de leur fête,* Halloween.

La scène de la douche de Stab (Scream 2) *renvoie à* Psychose.

La scène finale de Scream 2, *dans laquelle on voit Sidney armé d'une hache, renvoie à* Shining.

Dans Scream 2, *les personnages, étudiants en cinéma, font souvent référence à des films.*

Terminator *est évoqué dans la réplique : « T'as un côté Linda Halmilton ! »*

La mise en abîme*

Dans Scream 2, Stab, *film à l'intérieur du film, reprend l'action de* Scream.

Sidney joue au théâtre le rôle de Cassandre, prophétesse victime d'une malédiction, dans Agamemnon, *première partie de l'*Orestie *d'Eschyle.*

Le masque du tueur est inspiré du tableau d'Edvard Munch, Le Cri.

Humour et ironie

Sidney avoue ne pas aimer les films d'horreur parce qu'ils présentent « Un tueur abruti traquant une nana aux gros seins qui monte à l'étage au lieu de fuir dehors. » Mais elle ne peut faire autrement que monter à l'étage lors de la première attaque.

*Tatum, l'amie de Sidney, dit : « Arrête, tu me fais penser à un film de Wes Carpenter. » Ce cinéaste n'existe pas, c'est un mélange entre Wes Craven (le réalisateur du film) et John Carpenter (celui d'*Halloween*).*

Lors d'une discussion avec les deux tueurs (que l'on ne connaît pas encore), Randy, qui travaille dans un magasin de vidéos dit : « C'est vrai, si on était dans un film, je serais le suspect n° 1 »

Avant la fête tragique, un dialogue entre Tatum, Dewey et Sidney donne ceci

« Si l'on faisait un film sur toi, qui jouerait ton rôle ? demande Tatum à Sidney.

— Je n'ose pas y penser.

— Je verrais bien Meg Ryan.

— Avec mon bol, ils prendraient Tori Spelling. »

Or, dans Stab, *le film tourné d'après le roman écrit par la journaliste Gale (*Scream 2*), le personnage de Sidney est justement interprété par Tori Spelling.*

Dans le domaine de l'épouvante, *Le Bébé de Rosemary* (1968) de Roman Polanski, avec Mia Farrow et John Cassavetes créera toute une série de films similaires sur le thème de la possession, parmi lesquels on peut citer *L'Exorciste* (1973) de William Friedkin et sa suite *L'Hérétique* (1977) réalisée par John Boorman, la trilogie *La Malédiction* (1976) de Richard Donner avec Gregory Peck et Lee Remick, *Damien : La Malédiction II* (1978) et *La Malédiction finale* (1981), qui nous présente l'incarnation de l'antéchrist venu sur Terre pour l'Armaggedon. On retrouvera ce merveilleux religieux dans des films tels qu'*Amytiville la maison du Diable* (1979) histoire classique de maison hantée, *Poltergeist* (1982) de Tobe Hooper qui met en œuvre des esprits frappeurs. L'apothéose sanglante se trouve certainement dans les films de, ou adapté de, Clive Barker, écrivain britannique qui a bâti un enfer décadent dans ses œuvres telles que *Hellraiser : le Pacte* (1987), *Cabal* (1989) ou *Le Maître des illusions* (1995).

Plus gore, le thème des morts-vivants relancé par George Romero : *La Nuit des morts-vivants* (1968), *Zombie* (1979), *Le Jour des morts-vivants* (1986) offre des scènes de massacre à répétition, ou des situations particulièrement étranges, comme cette attaque d'un hypermarché par des morts-vivants dans *Zombie.* D'autres se jetteront dans cette brèche ouverte et des dizaines de films, pas aussi réussis, sortiront. À la même époque, Tobe Hooper lance son *Massacre à la Tronçonneuse* (1974), et paraît également *Evil Dead* de Samuel Raini. Une surenchère d'hémoglobine. *Malpertuis* (1972) de Harry Kumel adapte le roman de Jean Ray.

En Italie, Mario Bava tente de modifier l'idée que l'on se fait du cinéma de son pays, avec des films comme *Opération Peur* (1966) qui s'attaque à l'enfance meurtrière, ou *Baron vampire* (1972). Il sera relayé par son fils, Lamberto Bava *Demons* (1985), *Graveyard Disturbance* (1987), des récits de morts-vivants, et par le très sombre et talentueux Dario Argento, sans cesse en interrogation sur la mort : *Inferno* (1979), *Suspiria* (1976), *Trauma* (1973) et le terrifiant *Phenomena* (1984)... Citons également Michele Soavi qui reçu le prix de la peur à Avoriaz pour *Bloody Bird* (1986) et tourna le très poétique *Dellamorte Dellamore* (1994).

Dès le milieu des années 90, le fantastique revient à la mode, grâce à de grands réalisateurs. Après Coppola et *Dracula* (1992), Kenneth Brannagh donne une vision très plastique de *Frankenstein* (1994) avec Robert de Niro et lui-même et Neil Jordan adapte le roman d'Anne Rice, *Entretien avec un vampire.* On replonge dans l'horreur. Guillermo Del Toro tourne *Mimic* (1996) avec Mira Sorvino, créant une psychose dans le métro pendant que Peter

Hyams s'en prend aux musées avec *Relic* (1996) et Jason Scott Lee au mythe de la *Momie* (1999).

Certains réalisateurs se démarquent de l'ensemble de la production, présentant des films très personnels, comme l'américain Tim Burton dont l'univers onirique met en place un fantastique aux limites du surréalisme, du gothique et de l'horreur. Ainsi, *Beetlejuice* (1988) présente un démon qu'invoque une jeune fille jouée par Wynona Ryder. Ce film permet à Burton de poser les bases de son étrange univers que l'on retrouve dans ses adaptations de la bande dessinée : *Batman* (1989) avec Michael Keaton, Jack Nicholson, Kim Basinger et *Batman le défi* (1992). Gotham City y est présentée comme une cité décadente, mais en même temps pleine de poésie. La sensibilité est d'ailleurs ce qui fait le talent de Tim Burton, il suffit pour s'en convaincre de visionner *Edward aux mains d'argent* (1990) avec Wynona Ryder et Johnny Depp pour s'en rendre compte. Le film expose en fait un récit similaire à *La Belle et la Bête* de Cocteau, avec les mêmes nuances et une analyse du rejet et de l'amour très semblable. Dans un style un peu plus classique, *Sleepy Hollow* (2000) expose une histoire de cavalier fantôme coupeur de tête assez étonnante.

Proche de cet univers, *Gothic* (1986) de Ken Russell, explique la genèse de l'écriture du récit vampirique de Lord Byron et Polidori et du *Frankenstein* de Mary Shelley. Véritable mise en abîme* de l'œuvre romanesque à travers l'œuvre cinématographique, ce somptueux film montre l'atmosphère étrange qui a pu présider à cette idée d'écrire des *ghost stories**. Ainsi, le spectateur hésite-t-il entre réalité et rêve, suivant en cela les personnages qui semblent ne plus savoir où ils en sont.

Il ne faut pas oublier David Lynch dont les films surprennent toujours le public avant de le faire réfléchir : *Elephant Man* (1980) plus étrange que fantastique joue la carte du monstre rejeté. *Blue Velvet* (1986), Grand prix à Avoriaz, incarne la crainte physique dès le moment où le héros découvre une oreille tranchée au milieu d'un champ. Citons évidemment, *Twin Peaks* (1992), dont l'univers surréaliste et alambiqué a également été adapté en feuilleton. L'angoisse, habilement entretenue, mène le spectateur au bout de lui-même.

Inclassable encore, le film *L'Expérience interdite* (1990) de Joel Schumacher avec Kiefer Sutherland, Julia Roberts, William Baldwin, Kevin Bacon dans lequel des étudiants en médecine explorent les limites entre la vie et la mort. Et puis, bien entendu, comment faire l'impasse sur le très décrié *Shining* (1980) de Stanley Kubrick qui adapte à sa manière le roman de Stephen King, y présentant un inquiétant Jack Nicholson en face d'une Shelley Duvall totalement paniquée. La scène de la salle de bain où Nicholson essaie d'entrer à coup de hache est un petit chef-d'œuvre de la terreur.

Ces univers très sombres, souvent décalés, inspirent d'autres films, tirés de bandes dessinées cultes, tels *The Crow* (1993) d'Alex Proyas, avec Brandon Lee, fils du célèbre Bruce Lee, décédé, comme son père des années plus tôt, sur le tournage du film et sa suite *The Crow II* (1996) de Tim Popes, avec Vincent Perez, qui nous présente un homme revenu d'entre les morts pour se venger, aidé en cela par les corbeaux qui lui ont redonné vie. *Spawn* (1997), inspiré des personnages de Todd McFarlane, joue sur le même registre du revenant, maudit pour l'éternité parce qu'il ne peut plus atteindre son amour. Cette œuvre a d'ailleurs inspiré un magnifique album de musique métallique aux américains de Iced Earth.

La télévision

De nombreuses sériés télévisées sont basées sur le fantastique et beaucoup ont ou ont eu un énorme succès. La première à réellement bien marcher fut *La Quatrième Dimension* (*Twillight Zone*) créée par Rod Serling en 1959 (151 épisodes). Le succès tient surtout aux histoires écrites par Serling lui-même, Richard Matheson, Charles Beaumont, véritables récits de fantastique (ou de science-fiction) dans lesquels l'amateur pouvait puiser son quota d'angoisse et de peur. Toutes les ficelles y sont employées avec un talent certain. La série cesse en 1964, mais elle trouvera une suite à partir de 1970, grâce à *Rod Serling's Night Gallery* (90 épisodes).

Par la suite, d'autres séries basées sur le même principe d'histoires étranges et fantastiques se développent. Bien entendu, la série *Alfred Hitchcock présente*, mais aussi plus proche de nous *Le Voyageur* (1984) ou les fameux *Contes de la crypte* qui toutes les trois offrent des histoires indépendantes liées par un fil conducteur : Hitchcock, un auto-stoppeur ou un zombie. Dans un autre style, *Vendredi 13* se déroule autour d'un magasin d'antiquités dont les propriétaires essaient de récupérer les objets diaboliques vendus par leur prédécesseur.

Les *X-Files* (*Aux frontières du réel*) lancés par Chris Carter, mettent en scène deux enquêteurs du F.B.I. qui traquent les phénomènes étranges : créatures monstrueuses dans les égouts, Big Foot, hommes des bois, fantômes...

Avec le succès des *X-files*, dont certains épisodes sont basés sur le fantastique, les séries se multiplient. Certaines de bonne qualité : *Millenium* du même Carter qui met en place une mystérieuse organisation enquêtant sur des phénomènes étranges liés à une possible fin du monde, *Buffy contre les vampires*, avec Sarah Michelle Gellar, qui se déroule sur un campus universitaire infesté de vampires, ou encore *Profiler* qui voit des enquêteurs du F.B.I. poursuivre des tueurs en série. Plus léger, *Charmed* met en scène trois sœurs sorcières dans notre société moderne.

La bande dessinée

La bande dessinée a toujours entretenu des liens étroits avec le fantastique. Peut-être pas toujours de bonne qualité, elle a permis à des lecteurs occasionnels de s'approprier l'œuvre fantastique par le biais de cet art jugé souvent, à tort, comme uniquement populaire. Certes, l'apparition dans les années 30 aux États-Unis des « comics* » a sans doute donné une mauvaise image. De plus, la bande dessinée, genre populaire destiné à la jeunesse, s'est très tôt tournée vers l'humour ou l'aventure et lorsqu'apparaissaient des êtres dotés de pouvoirs extraordinaires, c'étaient des héros positifs dans des mondes futuristes, Superman ou Batman, créé en 1939 par Bob Kane et Bill Finger et dont le cinéma s'est emparé dès 1940 pour aboutir à une légitimation avec les films de Tim Burton. Les éditions Marvel ont lancé des groupes de super héros, dont la plupart des pouvoirs tiennent du fantastique, même si beaucoup d'histoires appartiennent à la science-fiction. Les « X Men », les « Fantastiques », Iron Fist, Daredevil, « les Champions », les « Titans » en sont de parfaits exemples. Leur arrivée en France en 1970 grâce aux éditions Lug, dans les revues *Strange, Titans, Fantask, Nova*... va lancer toute une génération d'adolescents dans la BD. Quelques dessinateurs s'y illustrent : Sal Buscema, John Byrne, Bob Hall et surtout Jack Kirby.

Les véritables personnages fantastiques, plus inquiétants, ont mis du temps à s'imposer ou sont apparus dépouillés d'un élément essentiel du genre, la peur. *Arthur le Fantôme* n'inquiète personne ; les démons et les monstres croisés dans *Les Aventures extraordinaires d'Adèle Blanc-Sec* de Tardi n'angoissent que les autres personnages de la bande dessinée. Le savant fou de *Z comme Zorglub* d'André Franquin nous fait rire plus qu'il ne terrorise. Il arrive également que le fantastique ne soit qu'une apparence, comme dans *La Marque jaune*, une aventure de Blake et Mortimer où le fantôme n'en est pas un. Hergé lui aussi aimait introduire, pour créer le suspens, de faux thèmes fantastiques, la malédiction des Pharaons dans *Les Cigares du Pharaon*, le château hanté dans *L'Île noire*... Il est toutefois une aventure de Tintin où le surnaturel crée une véritable angoisse : *Les Sept Boules de cristal* et sa suite *Le Temple du Soleil* où les descendants des Incas pratiquent l'envoûtement. De même *Le Mystère de la grande pyramide* d'Edgar Pierre Jacobs accorde des pouvoirs surnaturels aux prêtres qui perpétuent le culte d'Aton. L'Égypte est d'ailleurs un cadre propice pour la bande dessinée fantastique. On la retrouve dans *La Momie écarlate* de Sicomoro et Cartier.

Dans la dernière partie du vingtième siècle, apparaissent toutefois de véritables bandes dessinées fantastiques. *The Crow* de James O'Barr a pour héros un fantôme justicier.

Bruno Loisel met en images de façon magnifique Le *Gâloup* de Claude Seignolle. Aux éditions Dargaud, Pascal Zanon et Christian Vanderhaeghe adaptent *Les Aventures d'Harry Dickson* de Jean Ray. *Les Portes de l'Enfer*, de Jacques Martin et Gilles Chaillet, une des aventures de Lefranc, met en scène des messes noires et blanches. *Le Prince de la nuit* de Swolfs joue sur l'éternité du vampire. Pour combattre un de ces monstres, des générations se succèdent, issues d'un châtelain du Moyen Âge dont la femme a été victime du prince de la nuit. Les éditions Glénat, qui publient *Le Prince de la nuit*, proposent d'ailleurs une collection dédiée au fantastique et à l'étrange : *Grafica*. Philippe Druillet flirte avec le surréalisme (*Salammbô, Necronomicon*...)

François Schuiten lance sa série *Les Cités obscures* et Roger Leloup entraîne son héroïne Yoko Tsuno dans des aventures étranges.

On peut également se jeter sur les albums d'Andreas, notamment *Rork et Capricorne* aux éditions du Lombard, qui content les aventures d'un détective de l'étrange en plein New York, sur ceux de Oleffe et Grenson, telles *Les Aventures de*

Cartland Cross (éditions Lefrancq). La relève française s'incarne, parallèlement, dans des dessinateurs comme Tacito qui publie, seul, la série *Dead Hunter*, un western fantastique très esthétique et, en compagnie de Froideval, *666* qui met aux prises le Paradis et l'Enfer dans des aventures détonantes (éditions Zenda).

Mais c'est surtout le Japon qui inonde le marché, grâce aux mangas, des bandes dessinées piochant continuellement dans le fantastique tel *Akira* de Katsuhiro Otomo.

Le fantastique de bande dessinée flirte aussi avec la science-fiction. Enki Bilal, magnifique styliste, installe ses personnages dans d'inquiétants univers post-cataclysmiques. Dans *La Trilogie Nikopol* (*La Foire aux immortels, La Femme piège, Froid Équateur*) l'atmosphère de cauchemar se double d'un doute jeté sur l'identité et la mémoire des personnages principaux. *Le Vaisseau de pierre, La ville qui n'existe pas, Le Sommeil du monstre*... sont des œuvres tout aussi remarquables.

Exercices

Travaux d'analyse

- **La peinture** : étudiez *Le Jardin des plaisirs* de Jérôme Bosch, *Les Montres molles* de Salvador Dali ou *Le Modèle rouge* de Magritte. Relevez les éléments propres au fantastique et ce qui appartient à d'autres domaines.
- **La musique** : étudiez la musique d'un film fantastique. À quel moment intervient-elle ? Quel est son rôle ? Si l'on écoute cette musique sans regarder les images, peut-on la définir comme fantastique ?

Travaux de création

- **Le cinéma** : après avoir lu *Frankenstein* de Marie Shelley, choisissez une scène significative, par exemple le moment où la créature accède à la vie. Des groupes d'élèves pourront ensuite visionner chacun une adaptation cinématographique de ce roman (ou une parodie comme le *Frankenstein Junior* de Mel Brooks). Seront notés les points de convergence et les points de divergence par rapport à l'œuvre littéraire.

  Il sera possible ensuite d'écrire un scénario pour une nouvelle version, puis, si le lycée possède un équipement vidéo, de filmer la scène.
- **La bande dessinée** : avec l'aide d'un professeur d'arts plastiques, composez une courte bande dessinée fantastique.

Bibliographie

1. Analyses

Bessière (Irène), *Le Récit fantastique*, Larousse, 1974.

Caillois (Roger), Article « Fantastique », *Encyclopædia Universalis*, 1966.

Castex (Pierre-Georges), *Le Conte fantastique en France de Nodier à Maupassant*, José Corti, 1951.

Goimard (Jacques), Préfaces et postfaces de *La Grande Anthologie du fantastique*, Omnibus, 1996.

Lovecraft (Howard Phillips), *Épouvante et Surnaturel en littérature*, Bouquins, Robert Laffont, Tome 2 des *Œuvres*, 1927.

Maupassant (Guy de), *Le Fantastique*, *Le Gaulois* du 7 octobre 1883.

Silhol (Léa), *Vampire, portraits d'une ombre*, Oxymore, 1999.

Todorov (Tzvetan), *Introduction à la Littérature fantastique*, Point Essais, 1970.

2. Anthologie

Rochefort-Guillouet (Sophie), *La littérature fantastique en 50 ouvrages*, coll. « 50/50 », Ellipses, 1998.

3. Romans

Aymé (Marcel) (1902-1967), *La Jument verte*, 1933. *La Vouivre*, 1943.

Balzac (Honoré de) (1799-1850), *La Peau de chagrin*,1831.

Banks (Ian) (né en 1954), *Le Seigneur des guêpes*, 1984.

Bioy Casares (Adolfo) (1914-1999) *L'Invention de Morel*,1940.

Bloch (Robert) (1917-1994), *Psychose*, 1959.

Boulgakov (Mikhaïl) (1891-1940), *Cœur de chien*, 1925.

Breton (André) (1896-1966), *Nadja*, 1928.

Brussolo (Serge) (né en 1951), *Cauchemar à louer*, 1990.

Campbell (John Ramsey) (né en 1946), *Images anciennes*, 1989.

Cazotte (Jacques) (1719-1792), *Le Diable amoureux*, 1772.
Chamisso (Adalbert von) (1781-1838), *L'Étrange Histoire de Peter Schlemihl*, 1814.
Delbe (Alain) (né en 1954), *Les Îles jumelles*, 1996.
Farrère (Claude) (1876-1957), *La Maison des hommes vivants*, 1911.
Gracq (Julien) (né en 1910), *Le Rivage des Syrtes*, 1951.
Hoffmann (Ernst Théodore Amadeus) (1775-1822), *Les Élixirs du Diable*, 1816.
Howard (Robert E.) (1906-1936), *Conan*, 1934.
James (Henry) (1843-1916), *Le Tour d'écrou*, 1898.
King (Stephen) (né en 1947), *Carrie*, 1973. *Dead Zone*, 1975. *Shining*, 1977.
Koontz (Dean) (né en 1945), *Étranges Détours*, 1995.
Le Fanu (Joseph Sheridan) (1814-1873), *Carmilla*, 1871.
Levin (Ira) (né en 1929), *Rosemary's Baby*, 1967.
Lewis (Matthew Gregory) (1775-1818), *Le Moine*, 1795.
Lovecraft (Howard Phillips) (1890-1937), *L'Affaire Charles Dexter Ward*, 1927.
Lumley (Brian) (né en 1937), *Necroscope*, 1986
Matheson (Richard) (né en 1926), *Je suis une légende*, 1955. *La Maison des damnés*, 1971.
Maturin (Charles-Robert) (1782-1824), *Melmoth ou l'Homme errant*, 1820.
McCammon (Robert) (né en 1952), *Le Mystère du lac*, 1991.
Newman (Kim) (né en 1959), *Anno Dracula*, 1992.
Pieyre de Mandiargues (André) (1909-1991), *La Motocyclette*, 1964.
Potocki (Jan) (1761-1815), *Manuscrit trouvé à Saragosse*, 1804-1812.
Radcliffe (Ann) (1764-1823), *Les Mystères d'Udolphe*, 1794. *L'Italien ou le Confessionnal des pénitents noirs*, 1797.
Ray (Jean) (1887-1964), *Malpertuis*, 1943.
Renard (Maurice) (1875-1939), *Le Docteur Lerne*, 1908. *Les Mains d'Orlac*, 1920.
Seignolle (Claude) (né en 1917), *Marie la Louve*, 1947.
Shelley (Mary) (1797-1851), *Frankenstein ou le Prométhée moderne*, 1818.
Simmons (Dan) (né en 1948), *L'Échiquier du Mal*, 1989.
Stevenson (Robert Louis) (1850-1894), *Le Cas étrange du Docteur Jekyll et de Mister Hyde*, 1886.
Stoker (Abraham) (1847-1912), *Dracula*, 1897.
Tournier (Michel) (né en 1924), *Le Roi des Aulnes*, 1970.
Walpole (Horace) (1717-1797), *Le Château d'Otrante*, 1764.

Wells (Herbert George) (1866-1946), *L'Île du Docteur Moreau*, 1996. *L'Homme invisible*, 1897.

Wilde (Oscar) (1854-1900), *Le Portrait de Dorian Gray*, 1890.

Zelazny (Roger) (1937-1995), *Princes d'ambre*, 1970-91.

4. Nouvelles

Belletto (René) (né en 1945), *Le Temps mort*, 1974.

Bierce (Ambrose) (1842-1914), *Au cœur de la vie*, 1891.

Borges (Jorge Luis) (1899-1986), *Fictions*, 1944. *L'Aleph*, 1949.

Buzzatti (Dino) (1906-1972), *Le K*, 1966.

Châteaureynaud (Georges-Olivier) (né en 1947), *Le Jardin dans l'île*, 1989.

Gautier (Théophile) (1811-1872), *La Morte amoureuse*, 1836. *Arria Marcella*, 1852.

Gogol (Nicolas) (1809-1852), *Les Nouvelles pétersbourgeoises*, 1843.

Hoffmann (Ernst Théodore Amadeus) (1775-1822), *Contes nocturnes*, 1817.

Kipling (Rudyard) (1865-1936), *Le Rickshaw fantôme*, 1885. *La plus belle histoire du monde*, 1894.

Kafka (Franz) (1883-1924), *La Métamorphose*, 1915.

Lovecraft (Howard Phillips) (1890-1937), *La Musique d'Erich Zann*, 1921, *Lui*, 1925.

Matheson (Richard) (né en 1926), *Journal d'un monstre*, 1950.

Maupassant (Guy de) (1850-1893), *Lui ?*, 1883. *Le Horla*, 1886.

Mérimée (Prosper) (1803-1870), *La Vénus d'Ille*, 1837. *Lokis*, 1869.

Nodier (Charles) (1780-1844), *Smarra ou les Démons de la nuit*, 1821. *La Fée aux miettes*, 1832.

Poe (Edgar Allan) (1809-1849), *Histoires extraordinaires*, 1839. *Nouvelles Histoires extraordinaires*, 1845.

Pouchkine (Alexandre) (1799-1837), *La Dame de pique*, 1833.

Restif de la Bretonne (Nicolas) (1734-1806), *Les Nuits de Paris*, 1788-1794.

Seignolle (Claude) (né en 1917), *Le Meneur de loups*, 1947.

Tieck (Ludwig) (1773-1853), *Contes fantastiques*, 1797.

5. Théâtre

Aymé (Marcel) (1902-1967), *Clérambard*, 1950.

Giraudoux (Jean) (1882-1944), *Intermezzo*, 1933.

Goethe (Johann Wolfgang von) (1749-1832), *Faust*, 1808.

Ionesco (Eugène) (1912-1994), *Les Chaises*, 1952. *Amédée ou Comment s'en débarrasser*, 1954. *Rhinocéros*, 1960.

Vian (Boris) (1920-1959), *Les Bâtisseurs d'empires*, 1959.

6. Poésie

Baudelaire (Charles) (1821-1867), *Les Métamorphoses du vampire* (in *Les Fleurs du Mal*, 1857).

Bertrand (Aloysius) (1807-1841), *Gaspard de la nuit*, 1842, (posthume).

Lautréamont (Isidore Ducasse dit) (1846-1870), *Les Chants de Maldoror*, 1869.

Mallarmé (Stéphane) (1842-1898), *Le Tombeau d'Edgar Poe*, 1877.

Nerval (Gérard de) (1808-1865), *Aurélia*, 1855.

Novalis (Friedrich von Hardenberg dit) (1772-1801), *Hymnes à la nuit,* 1800.

7. Films

Argento (Dario), *Inferno*, 1979. *Phenomena*, 1984.

Barker (Clive), *Hellraiser : le pacte,* 1987.

Bunuel (Luis), *L'Ange exterminateur* (1962), *Le Fantôme de la liberté*, 1974.

Brannagh (Kenneth), *Frankenstein*, 1994.

Brooks (Mel), *Frankenstein Junior*, 1974.

Browning (Tod), *Dracula*, 1931.

Burton (Tim), *Beetlejuice*, 1988. *Edward aux mains d'argent*, 1990. *Sleepy Hollow*, 2000.

Carné (Marcel), *Les Visiteurs du soir*, 1942.

Carpenter (John), *Halloween*, 1978. *Christine*, 1983.

Coppola (Francis Ford), *Dracula*, 1992.

Craven (Wes), *Les Griffes de la nuit*, 1984. *Scream*, 1997. *Scream 2*, 1998.

Cronenberg (David), *Scanners*, 1979. *Dead Zone*, 1982.

Curtiz (Michael), *Doctor X*, 1932. *Masques de cire*, 1933.

Demme (Jonathan), *Le Silence des agneaux*, 1990.

De Palma (Brian), *Phantom of the Paradise*, 1974. *Carrie*, 1976.

Donner (Richard), *La Malédiction*, 1976.

Finch (David), *Seven*, 1996.

Fisher (Terence), *La Nuit du loup-garou*, 1960, *Les Maîtresses de Dracula*, 1961.

Franju (George), *Les Yeux sans visage*, 1959.

Friedkin (William), *L'Exorciste*, 1973.

Herzog (Werner), *Nosferatu, Fantôme de la nuit*, 1978.

Hitchcock (Alfred), *Psychose*, 1960. *Les Oiseaux*, 1963.
Hooper (Tobe), *Massacre à la tronçonneuse*, 1975. *Poltergeist*, 1982.
Jordan (Neil), *La Compagnie des loups*, 1984. *Entretien avec un vampire*, 1994.
Kubrick (Stanley), *Shining*, 1980.
Lynch (David), *Elephant Man*, 1980. *Blue Velvet*, 1986.
Murnau (Friedrich Wilhelm), *Nosferatu*, 1922.
Polanski (Roman), *Rosemary's Baby*, 1968. *Le Bal des vampires*, 1967.
Proyas (Alex), *The Crow*, 1993.
Raini (Samuel), *Evil Dead*, 1982.
Romero (George), *La Nuit des morts-vivants*, 1968. *Zombie*, 1979.
Russell (Ken), *Gothic*, 1986.
Schoedsach (Ernest) et Cooper (Merian), *Les Chasses du comte Zaroff*, 1932. *King Kong*, 1933.
Shyamalan (Night), *Le Sixième Sens*, 1999.
Tourneur (Jacques) (1904-1977), *La Féline*, 1942.
Whale (James), *Frankenstein*, 1931. *La Fiancée de Frankenstein*, 1935.
Wiene (Robert), *Le Cabinet du Docteur Caligari*, 1919.
Zucker (Jerry), *Ghost*, 1990.

8. Séries télévisées

Alfred Hitchcock présente.
Buffy contre les vampires.
Charmed.
Les Contes de la crypte.
Millenium.
Profiler.
Rod Serling's Night Gallery.
Twillight Zone (La Quatrième Dimension).
Vendredi 13.
X Files (Aux frontières du réel).

9. Bandes dessinées

Bilal (Enki), *La Trilogie Nikopol*, 1980
Brescia (Alberto) et Oesterheld (Hector), *Mort Cinder*, 1974.
Davis (Phil) et Falk (Lee), *Mandrake le Magicien*, 1934.
Franquin (André), *Z comme Zorglub*, 1959.

Hergé (Georges Rémi dit), *Les Sept Boules de cristal,* 1943. *Le Temple du Soleil,* 1946.

Jacobs (Edgar Pierre), *Le Mystère de la grande pyramide,* 1951.

Kane (Bob) et Finger (Bill), *Batman,* 1939.

Loisel (Bruno) (d'après Claude Seignolle), *Le Gâloup*, 1990.

Martin (Jacques) et Chaillet (Gilles), *Les Portes de l'Enfer*, 1988.

O'Barr (James), *The Crow.*

Sicomoro et Cartier (Éric), *La Momie écarlate*, 1986.

Swolfs, *Le Prince de la nuit* (à partir de 1995).

Tacito, *Dead Hunter,* 1998-2000.

Tardi (Jacques), *Les Aventures extraordinaires d'Adèle Blanc-Sec,* 1976-1978.

Glossaire

Altération : modification qui, le plus souvent, s'exerce dans un sens négatif.

Autiste : qui souffre d'autisme, maladie qui provoque un repliement sur soi-même.

Catharsis : les Grecs pensaient que, frappés d'horreur par un spectacle violent, les hommes se trouvaient purgés de leurs passions. Ils appelaient ce phénomène la catharsis.

Champ lexical : ensemble des mots qui appartiennent à un même domaine. « Acteur », « scène », « pièce », « représentation », « décor », « costumes » font partie du champ lexical du théâtre.

Comics : mot anglais désignant une bande dessinée.

Ellipse : coupure destinée à produire un effet de surprise ou à donner plus de force à une phrase. Elle peut consister en des mots absents ou un vide chronologique.

Épistolaire : se dit d'une œuvre littéraire composée de lettres. *L'Homme au Sable* d'E. T. A. Hoffmann est un récit épistolaire.

Éponyme : qui donne son nom à quelque chose, par exemple une œuvre littéraire. Ainsi, Black Sabbath est à la fois le nom d'un groupe et d'un disque.

Fantasy : genre placé aux frontières du merveilleux, du fantastique et de la science fiction. La « fantasy » ou « heroic fantasy » propose des légendes, des mondes fabuleux, des combats entre le bien et le mal.

Focalisation : point de vue adopté par l'auteur, qui peut choisir un narrateur à la première personne ne comprenant que ce qu'il voit et sait (point de vue personnel), un narrateur extérieur qui suit un personnage (point de vue externe) ou un narrateur omniscient qui connaît tout de chaque personnage.

Gore : en anglais, « sang coagulé ». Ce mot est employé pour les œuvres fantastiques contemporaines qui se caractérisent par une grande violence, avec une avalanche de sang et de suintements divers.

Ghost stories : en anglais : « histoires de fantômes ». Désigne plus généralement les récits fantastiques.

Goule : être qui se nourrit de cadavres.

Hallucination : vision par une personne d'un objet, d'un être ou d'une scène qui n'existent pas objectivement. L'hallucination dérive souvent d'un problème mental.

Hyperbole : figure de style qui consiste à exagérer afin de mieux mettre en relief : « Je couche d'un revers mille ennemis à bas. » (Corneille)

Illuminisme : mouvement de la fin du XVIIIe siècle, inspiré en particulier par le Suédois Swedenborg, qui repose sur une mystique visionnaire.

Incipit : premiers mots d'un texte.

Kabbale : interprétation de la Bible issue de la tradition juive et qui comporte quelques dérivations magiques.

Lamie : monstre dévoreur d'enfants.

Langsuit : vampire de Malaisie.

Loup-garou : homme susceptible de se transformer en loup (cf. Lycanthrope).

Luxurieux : qui pratique la luxure, un des sept péchés capitaux, c'est-à-dire la débauche.

Lycanthrope : personne qui se croit capable de se transformer en loup.

Métaphore : figure de style qui crée une image en remplaçant un mot par un autre en vertu d'une ressemblance. « Vous êtes mon lion, superbe et généreux. » (Victor Hugo)

Métempsycose : croyance en la réincarnation de l'âme dans des corps successifs.

Mise en abîme : inclusion d'une scène, d'une image, à l'intérieur d'elle-même. La Vache qui rit porte en boucle d'oreille une autre vache qui rit, laquelle porte la même boucle d'oreille...

Mort-vivant : personne qui, bien que morte, continue de vivre, de se déplacer. Les vampires, les zombies sont des morts-vivants.

Mythe : récits, souvent d'origine populaire et d'inspiration religieuse, qui tendent à expliquer l'origine de l'univers ou les grandes forces qui dirigent le monde et l'humanité.

Nécromancien : personne capable d'entrer en communication avec les morts.

Novella : terme d'origine latine que les Anglo-Saxons utilisent pour désigner une très longue nouvelle.

Pathétique : expression de la souffrance et d'autres émotions intenses et désagréables, susceptibles d'émouvoir fortement le lecteur ou le spectateur.

Protéiforme : qui peut se présenter sous différentes formes.

Psychopate : malade mental particulièrement dangereux car dénué de toute sensibilité.

Strige : vampire mi-femme, mi-chienne.

Sturm und Drang : mot à mot, en allemand : « tempête et passion ». Mouvement artistique allemand de la fin du XVIIIe siècle qui privilégie le mouvement et le sentiment. Il est à l'origine du romantisme. Goethe en est le représentant le plus célèbre.

Thanatos : vient du grec et signifie « mort ». Freud fait de Thanatos (la mort) et Éros (l'amour, le sexe) le couple qui hante l'inconscient des humains.

Transgression : violation d'un interdit.

Uchronie : récit où l'on imagine une variante à l'histoire du monde telle que l'enseignent les manuels scolaires.

Vampire : mort-vivant qui se réveille la nuit, en quête de sang.

Zombie : mort-vivant qui appartient à la tradition du vaudou, culte africain qui s'est exporté à Haïti et dans les îles voisines.

Table des matières

Achevé d'imprimer en avril 2002 par Normandie Roto Impression s.a., 61250 Lonrai
N° d'impression : 020669 – Dépôt légal : avril 2002